（スタートダッシュ大成功！）

中学校
学級開き
大事典

玉置 崇
編著

明治図書

はじめに

　中学校こそ「学級開き」を大切にしたい。
　最近，このような言葉を耳にするようになりました。
　そうなのです。以前の中学校では「学級開き」は，あまり大切にされていませんでした。
　「小学校での学級生活経験があるのだから，中学校では『さあ，中学生になったのだからしっかりがんばろう！』で十分」といったことさえ言われていました。
　ところが，「中１ギャップ」に代表されるように，小学校から中学校への進学段階で，様々な問題を抱える生徒が出てくるようになりました。
　そこで注目を浴びたのが，中学校における各学年のスタート期間における学級づくり（学級開き）の在り方です。つまり，中学１年は当然として，２，３年においても，新鮮な気持ちで，仲間や先生とともに学級をつくっていくことに対する意欲を生み出し，高めることの重要性が言われるようになったのです。
　そのためにどのようなことをしたらよいか。その大いなるヒントとなるのが，この『スタートダッシュ大成功！　中学校 学級開き大事典』です。
　本書を読めば，ずばり以下のことがわかります。
　「学級開きを成功させるポイント」（第１章）
　「春休み〜新年度１週間の学級担任の動き」（第２章）
　「学級開きを成功させるためのアイデア」（第３章）
　「出会いの日の教室トーク」（第４章）
　「入学式の指導と準備のポイント」（第５章）
　「学級づくりのゲームとアクティビティ」（第６章）
　「学級の組織づくりのアイデア」（第７章）
　「学級開きにかかわる様々な悩みへの対処法」（第８章）

書き手は，中学校に長く勤めているベテラン教師ばかりです。しかも，すばらしい学級をつくっている人ばかりです。まさに，中学校教師の「経験的学級開き論」の集大成ともいえるのが，本書なのです。
　例えば，第3章（学級開きを成功に導くアイデア）では，以下のようなアイデアを紹介しています。
　「生徒の名前を覚える」アイデア
　「自己紹介カード」のアイデア
　「黒板メッセージ」のアイデア
　「常設掲示物」のアイデア
　「時期的掲示物」のアイデア
　「教室清掃」のアイデア
　「1週間の予定表」のアイデア
　「1年間を見通させる」アイデア
　「学級通信」のアイデア
　「進路指導準備」のアイデア
　「実は，こういうアイデアを聞きたかった！」というものばかりではありませんか？

　この書籍も，これまで私の書籍を世にたくさん出していただいている明治図書の矢口さんに，的確な助言と温かい励ましをいただき，皆様に満足いただける書籍になりました。中学校の学級開きについて必要な情報をすべて網羅した「大事典」の名にふさわしい書籍を発刊できたと自負しています。
　この「大事典」を大いに参考にして，読者の先生方が，生徒と共に楽しく充実した学級をつくられることを祈念しています。

2017年1月

玉置　崇

CONTENTS
もくじ

はじめに

第1章
こうすれば絶対うまくいく！
学級開き成功のポイント

1 とにかく笑顔で ……………………………………………………… 10
2 はきはきした語り口で ……………………………………………… 10
3 「あっ，こんなことも」と思わせる ……………………………… 11
4 呼名は気持ちを込めて ……………………………………………… 11
5 生徒の立場で考える ………………………………………………… 12
6 わかりやすくコンパクトな所信表明を …………………………… 12
7 教室をきれいに ……………………………………………………… 13
8 表情発言をすすめる ………………………………………………… 13
9 厳守してほしいルールだけ示す …………………………………… 14
10 共通行動を決める …………………………………………………… 14

第2章
春休み〜新年度1週間の動きがすべてわかる！
学級担任の新年度の仕事一覧

1　1年生担任の仕事 …… 16
2　2年生担任の仕事 …… 23
3　3年生担任の仕事 …… 30

第3章
小さな工夫が大きな差を生む！
学級開きを成功に導くアイデア

1　生徒の名前を覚えるアイデア …… 38
2　自己紹介カードのアイデア …… 40
3　黒板メッセージのアイデア …… 42
4　常設掲示物のアイデア …… 44
5　時期的掲示物のアイデア …… 46
6　教室清掃のアイデア …… 48
7　1週間の予定表のアイデア …… 50
8　1年間を見通させるアイデア …… 52
9　学級通信のアイデア …… 54
10　進路指導準備のアイデア …… 56

第4章
生徒の心をガッチリつかむ！
出会いの日の教室トーク

1　新しいこと，変わらないこと（1年） ……………………60
2　「夢ノート」を始めよう！（1年） ………………………62
3　大切なものを見つけよう！（1年） ………………………64
4　尊敬される先輩になるために（2年） ……………………66
5　「中だるみ」を楽しもう!?（2年） ………………………68
6　「己に克つ心」をもとう！（2年） ………………………70
7　スタートダッシュをきめよう！（3年） …………………72
8　タンポポの綿毛になってTake Off！（3年） ……………74
9　一人ひとりが「矜持」をもとう！（3年） ………………76

第5章
1年で最初のビッグイベント！
入学式の指導＆準備のポイント

1　1年生の指導のポイント ……………………………………80
2　在校生の指導のポイント ……………………………………84
3　教師が行う準備のポイント …………………………………88

第6章

みんなが1つにまとまる！
学級づくりの ゲーム＆アクティビティ

1　先生とじゃんけんしよう！ ……………………………………92
2　神（紙）に見放されないように！ ……………………………94
3　タワーコンテストをしよう！ …………………………………96
4　みんなでコピー機になろう！ …………………………………98
5　みんなのことをたくさん知ろう！ ……………………………100
6　ジェスチャー伝言ゲームをしよう！ …………………………102
7　グループで絵をかこう！ ………………………………………104
8　家族の食事風景について考えよう！ …………………………106
9　みんなでバニーになろう！ ……………………………………108
10　学級目標の柱決めをしよう！ …………………………………110

第7章

生徒が進んで動き出す！
学級の組織づくりの アイデア

1　学級目標づくりのアイデア ……………………………………114
2　学級運営委員会のアイデア ……………………………………116
3　座席決めのアイデア ……………………………………………118

4	学級役員・委員会決めのアイデア	120
5	給食当番のアイデア	122
6	清掃当番のアイデア	124
7	係活動のアイデア❶	126
8	係活動のアイデア❷	128
9	朝の会・帰りの会のアイデア	130
10	学年生徒会のアイデア	132

第8章

「今すぐ何とかしたい！」を素早く解決！
学級開きの悩み Q&A

1	連絡事項が多過ぎて困っています	136
2	新年度早々,忘れ物がすごいんです	138
3	すでにボス的な存在の生徒がいます	140
4	同じ小学校出身者ばかりで固まってしまいます	142
5	「去年のクラスの方がよかった」と言われてしまいました	144
6	初日から出席できない生徒がいます	146
7	外国人生徒とコミュニケーションがとれません	148
8	強い食物アレルギーの生徒がいます	150
9	もう浮いてしまっている生徒がいます	152
10	学級編成に保護者からクレームが入りました	154

第1章
こうすれば絶対にうまくいく！
学級開き成功のポイント

1	とにかく笑顔で	10
2	はきはきした語り口で	10
3	「あっ，こんなことも」と思わせる	11
4	呼名は気持ちを込めて	11
5	生徒の立場で考える	12
6	わかりやすくコンパクトな所信表明を	12
7	教室をきれいに	13
8	表情発言をすすめる	13
9	厳守してほしいルールだけ示す	14
10	共通行動を決める	14

Chapter 1

1 とにかく笑顔で

『人は見た目が9割』（竹内一郎著，新潮新書）という書籍があります。大ヒットし，続編も出されました。そのタイトルは『やっぱり見た目が9割』です。つまり，第一印象は見た目で決まるということです。

生徒の気持ちになってみると，新しい担任の先生が無表情であったり，声に明るさがなかったりしたらどうでしょう。先生の第一印象だけで，新年度が始まったとたん，暗い気持ちになるのではないでしょうか。

それまでの自分がどうであっても，学級開きの初日は，ニコニコ顔の教師であることを意識したいものです。生徒から，「先生，無理して笑っているんじゃないの」と言われるくらいでいいのです。「いやぁ，新しい学級が始まると思うと，ついうれしくなるんだよ」などと返答すればよいのです。生徒が「新しい学級でもがんばろう！」と思えるように，教師は笑顔で初日を迎えましょう。

2 はきはきした語り口で

『伝え方が9割』（佐々木圭一著，ダイヤモンド社）という本もあります。この本もヒットしました。売れるということは，多くの人が伝え方に関心があり，伝え方が大切だと思っているということです。確かに，伝え方ひとつで相手に伝わる量がかなり違ってきます。その人の印象も変わってきます。

学級開きの日，生徒の担任への関心は言うまでもなく高く，担任がどのようなことをどのように言うのかに注目しています。

その際に，**はっきりしない不明瞭な話し方で，伝わらない話をしたら，見た目の好感度が高くても，一気に評価は低下する**ことでしょう。はきはきした語り口は，気持ちを高揚させます。

3 「あっ，こんなことも」と思わせる

　生徒は，ちょっとした担任の配慮に気づくものです。その気づきは，一気に伝播します。
　例えば，
　「うちのクラスね，靴箱に名前が貼ってあったんだよ。普通はシールが渡されて，『自分で書いて貼れ』って言われるよね」
　「黒板に，『座った人から自分の紹介カードを書いておいてください。できるだけ時間を有効に使いたいと思います』と書いてあってね。やる気ある先生でしょ？」
　といったように，**生徒は担任のちょっとした配慮や先を見た動きを敏感にとらえ，話題にするもの**です。
　新年度早々はいろいろとやることがあって大変ですが，生徒の心をつかむために「あっ，こんなことも」と思わせる演出をしましょう。

4 呼名は気持ちを込めて

　担任としてはじめて生徒の名前を呼ぶシーンがあります。事前に呼び方を確認しておき，間違いがないようにしておきましょう。**「ちょっとした間違いはだれにもあるものだ」と安易に考えない**ことです。
　もう45年も前のことですが，はっきり記憶に残っていることがあります。担任に「たまきくん」と呼ばれたので，「たまおきです」と伝えました。すると「同じ玉置と書いて，『たまき』というヤツもいるじゃないか。そうか，あんたは『たまおき』か」と言われました。こうして文章に表してみると，バカにされたという気持ちが，今でもなお起こってきます。「ごめんなさい。名前を間違えるとは失礼した」と，なぜ謝ることができなかったのでしょう。今度の担任は信用できないと思った瞬間でした。

5 生徒の立場で考える

　セブン&アイ・ホールディングス名誉顧問である鈴木敏文氏は，社員に次のようなことを言っています。
　「『お客様のために』ではなく，『お客様の立場で』考えなければならない」
　これを教師に置き換えて表現すると，
　「『生徒のために』ではなく，『生徒の立場で』考えなければならない」
となります。
　教師の多くは，自分の時間を失うことも厭わず，生徒のために精一杯がんばります。しかし，そのために，時として生徒の立場で考えることを忘れてしまいます。例えば，学級開きの日を印象に残そうとして様々な演出をしたとします。しかし，そのために決められた時間内で終わらず，「他のクラスは終わっているのに，うちのクラスは初日からいつまで続くんだろう…」と生徒が思ってしまったら，教師のがんばりも逆効果です。
　生徒の立場で考えることは，学級開きの日に限ったことではありませんが，初日が勝負です。特に，**時間はしっかり守りましょう。**

6 わかりやすくコンパクトな所信表明を

　前項「生徒の立場で考える」にも通じることですが，学級開きでは，**担任の求める学級像を明確に伝える（所信表明）ことがなんといっても大切**です。
　所信表明は，いずれ学級経営案や学級通信などでも活用できるものなので，文章化することを強くおすすめします。そのうえで，担任の思いが伝わるかどうか，生徒の立場で冷静に読み返してみましょう。
　「はずかしがらずに所信表明を読み合いましょう」という学年主任の呼びかけで，かつて学年内で読み合ったことがありますが，大変勉強になりました。

7 教室をきれいに

　生徒が担任のやる気を感じるところは様々ありますが，重要なポイントの1つが教室環境です。

　「2年生や3年生は，環境が大きく変わるわけではないので，新たな教室になっても新鮮味はない」と思うのは大間違いです。**見慣れた風景だからこそ，ちょっとした変化にも気づくのです。**

　かといって，特別に飾り立てる必要はありません。チョークの跡1つないきれいな黒板，空っぽのごみ箱，ほこりのない机上やロッカーの中など，新たな学級がスタートするにふさわしい，整えられた教室にしておきましょう。

　悲しい体験談ですが，荒れていた中学校に赴任し，担任する学級に足を入れたとたんに愕然としたことがあります。いたずら書きがされたままの掲示板，靴底の跡がある側面，傾いた教卓など，生徒の心が荒むはずだと思いました。「春休み中にどうして修復しておかなかったのだろうか」「どうせ荒れるから修復してもしかたがないと思っているのではないだろうか」と想像し，落ち着いた学級づくりに妙にファイトがわいたものでした。

8 表情発言をすすめる

　授業においても生徒に促したいことですが，学級開きの初日から，「表情発言」をすすめましょう。表情発言とは，**発言するのと同じように，表情で反応する**ことです。

　「いいかい，君たちとは今日はじめて出会ったから，どんな気持ちでいるのかがわかりません。だからお願いです。私が言っていることがよくわかったら笑顔で，『どういうこと？』と思ったら首をかしげるなど，声に出さなくてよいから表情で返してください」と伝えましょう。気持ちが内向きになりがちな思春期の生徒たちの教室も，これだけでずいぶん明るくなります。

9 厳守してほしいルールだけ示す

　生徒にしっかりと守ってほしいこと，教師として譲ることができないことはたくさんあるでしょう。しかし，**あれもこれも伝えたのでは，何も伝わりません。**ここでも生徒の立場で考えてみることです。
　私の場合は，1つに絞っていました。「仲間はずれをつくらない」というルールです。実は，これはとても難しいことです。
　学級開き初日から数日間は，係活動や当番活動を決めたり，学級目標を話し合ったりするなど，学級としてのまとまりが必要な場面が連続します。それぞれの活動担当を決めるのに人数調整が必要になる場合もあります。こうしたときに，学級全員のことを考え，行動できる生徒であってほしいという願いを込めて，「仲間はずれをつくらない」というルールを提示しました。
　その都度，振り返る場面をつくりましたが，その観点は，このルールを守ることができたかどうかだけです。目をつぶらせ，「心の中で振り返り30秒」など，短時間で行いました。ネチネチした振り返りは嫌がられます。

10 共通行動を決める

　「終わりよければすべてよし」です。そこで，だれもができることを提案し，「我が学級は，これをして1日が終了する」という共通行動を決めるのです。
　例えば，机の整頓です。些細なことですが，こうした当たり前のことがしっかりできる学級は，他の場面でもしっかりできるようになります。また，こうした共通行動を完遂させることは，担任のこだわり（見た目に気持ちよい教室）を伝えることにもなります。**「担任から示されたことはしっかりやらなければいけない」「担任は妥協しない」**ということをこうした具体的指示で早々に伝えることも，よい学級づくりのコツです。

第2章

春休み〜新年度1週間の動きがすべてわかる！
学級担任の新年度の仕事一覧

1　1年生担任の仕事 …………………………………………………16
2　2年生担任の仕事 …………………………………………………23
3　3年生担任の仕事 …………………………………………………30

Chapter 2

1　1年生担任の仕事

春休み

　希望と不安を抱えて新入生が入学してきます。第一印象が大切です。入学式当日は，細心の注意を払い，清々しい環境の中で1年生と保護者を迎えたいものです。入学式当日は，配付物が多く，十分に担任の思いを語ることができません。事前にプリント類を作成しておくのがよいでしょう。

　学級経営は，学校，学年の指導方針を汲んで進めていきます。春休み中の職員会議や学年部会で十分な話し合いを行い，同一歩調で指導できるように共通理解を図ります。

【学年体制で整えておくこと】
❶指導方針の確認……校務分掌の年度末反省や引き継ぎ資料などから，新年度の学年経営方針の共通理解を図る。
❷帳簿類の準備………指導要録，健康診断表，歯科検診表，出席簿，生徒名簿，名前印，保健調査票，健康手帳，家庭環境調査票。公簿となるもの，校内で統一して使用するものなど，取り扱いに注意する。
❸環境整備……………教室の清掃（床，窓，黒板，掲示板，ロッカー，教卓，廊下，掃除道具箱）
　　　　　　　　　　下駄箱，トイレや手洗い場等の清掃
❹備品整備……………蛍光灯，ロッカー，カーテン，机，イス，傘立て，黒板消し
❺名前シール…………下駄箱，机，イス，ロッカーに貼っておく。
❻学級編成名簿………発表用に拡大版（学年で準備）
❼学年通信……………学年の経営方針，学年教師集団の紹介

❽入学式次第…………保護者受付用：校舎図付き
　　　　　　　　　　生徒用：校歌歌詞，校舎図付き
❾教科書，副読本……入学式前日準備時に机に配付
❿生徒用名札…………予備用も1枚用意，準備時に机に配付

【学級担任として行っておくこと】
⓫座席表………………番号順に指定する。教室入り口付近に掲示しておく。
⓬学級通信……………ウェルカムメッセージ，担任の自己紹介など。
⓭ ⎰当面の予定表　　　わかっているものをまとめておくとよい。
　 ⎱配付物一覧表　　　1週間分の詳しい内容を予定表の中に記入しておく。
⓮自己紹介カード……初心を忘れないように，入学時の気持ちを表現できる
　　　　　　　　　　もの。家庭で丁寧に作成させ，回収後，掲示する。似
　　　　　　　　　　顔絵などをかかせるのもよい。
⓯学級アンケート……すぐに学級組織づくりが始まる。学級に対する思いや
　　　　　　　　　　リーダーとしての意識調査を目的とする。
⓰教室の飾り付け……華美にする必要はないが，前面の黒板には学級担任の
　　　　　　　　　　思いを書いておくとよい。
　　　　　　　　　　鉢植えの花を用意するのも教室を明るくする。
⓱担任紹介コメント…学級開きの担任の自己紹介と学級に対する思い。

　どんな生徒が入学してくるのか，想像を巡らせます。実際に一人ひとりの生徒の顔を見て，集団の雰囲気を感じながら，学級経営の構想を練ることになりますが，春休み中に「今年度はこんな学級をつくりたい」という経営方針を大まかに考えておきます。
　そうすることで，「これを準備しよう」「この時期にこんな活動をさせよう」といった学級づくりのアイデアが生まれてきます。

1日目

　いよいよ，入学式当日になりました。
　担任と生徒との大切な出会いの日です。明るく笑顔を忘れず，生徒，保護者と対面しましょう。お互い緊張感をもち，慣れない状況ですが，半日の中で，あいさつや配付物，確認事項など必要不可欠なことが盛りだくさんです。場合によっては，優先順位をつけて，取捨選択することも必要です。前日までに万全の準備をして，この日を迎えましょう。また，保護者の方へのあいさつは，短い中にも，生徒たちにどんな中学校生活を送ってほしいのか，担任としての思いを語りましょう。「この担任の先生なら，安心して任せられる」と思ってもらえるように。

❶ **クラス発表（学級編成表の掲示）**
・学年の先生と一緒に指定された場所に掲示する。
・発表後はきれいに取り外し，教室に運ぶ。氏名確認に使うことができるし，しばらく教室に掲示しておくことで，お互いの名前を覚えることに役立つ。

❷ **教室で生徒を迎える（学年所属は下駄箱から教室へ誘導案内）**
・担任する生徒との初対面なので，笑顔で気持ちよく迎え入れる。
・下駄箱は名札を貼り，指定しておくとよい。かばんから新品の上履きを取り出す姿が見られる。
・教室が校舎の何階にあるのかを案内する必要もある。

❸ **座席・ロッカーの確認**
・荷物をロッカーに入れたら，座席を確認させて，着席させる。
・同じ小学校出身者同士で教室を行き来する姿が見られることもあるが，緊張感をもたせておきたい。

❹入学式に臨む心構えをつくる

・出欠確認。登校していない生徒がいる場合は、必ず家庭に確認する。教育委員会に在籍生徒数の報告が必要となる。欠席の場合は、学年主任と一緒に家庭訪問をした方がよい。
・生徒に入学式の流れや意義を簡単に説明する（校歌歌詞カードも配付）。
・入学式に向かうために、体育館シューズに履き替え、整列順を確認。トイレの指示も忘れない。
・担任引率で入学式会場（体育館）へ。

❺教室ではじめての学級活動

・担任の自己紹介と入学を祝う簡単なあいさつをする。
　第一印象が1年間を左右するくらいの気持ちで。
　中学生の自覚を促す内容を含めて明るい雰囲気で。
・生徒の呼名、漢字等の表記を確認する。在籍番号を知らせる。
・当面の学校生活の説明をする。予定表を作成しておくとよい。

❻配付物と提出物の確認

・教科書の配付をする。乱丁・落丁等がないか確認し、家庭で記名してくることを指示する。
・提出物については、提出期限を確認し、記名することを指示する。

❼保護者へのあいさつ

・入学式の後、保護者には教室へ移動してもらい、学級の様子を見ていただく。保護者に担任の人となりを感じ取ってもらう。
・保護者から何らかの相談があった場合にはその相談事も聞く。場合によっては、後日の相談日時を決める。

2日目

　昨日は入学式。生徒にとっても担任にとっても慌ただしい1日でした。まだ授業は始まりませんが，今日からいよいよ通常の中学校生活が始まります。何でも最初が肝心です。基本的な生活習慣を身につけさせるために，担任は細かい点にも気を配りたいものです。
　また，生徒の自己紹介の時間をきちんととり，1年間この学級で一緒に生活していく仲間のことを理解させます。

❶登校指導………昇降口または教室で生徒を迎える。さわやかなあいさつを。教室に入る前に，頭髪や服装に問題があれば整えさせる。
❷整理整頓………自分の下駄箱，ロッカーの確認をさせ，荷物を整理して靴やかばんを入れさせる。
❸提出物回収……昨日配付した家庭環境調査票や保健調査票などの回収。忘れた場合は，頭ごなしに叱らず，理由を聞く（家庭の事情による場合もある）。
❹出席確認………欠席者がいれば，早い時間帯に理由を確認する。欠席する場合の連絡時間や方法を保護者に周知しておく必要あり。

【2日目の時間割例】

1限	知能検査	実施方法の共通理解・テストの受け方指導
2限	学級活動①	生徒自己紹介・学級への願い
3限	学級活動②	日直当番の確認・通学団会の確認 翌日の日程と持ち物確認（帰りの短学活）
4限	通学団会	通学団別通学路点検・登下校時の安全指導 （通学団ごとに下校）

3日目

　授業開始までは，離任式，健康診断などの行事，標準学力検査，給食・清掃当番を軌道に乗せるための学級活動などを組みます。

　生徒議会や委員会活動の開始時期から逆算すると，リーダーとなる室長や学級運営委員，代表委員を選出し，学級組織・生徒会組織を早めにつくることが迫られます。まだ人間関係ができていない時期なので，意欲的な生徒が立候補できるよう担任からの声かけが必要になります。

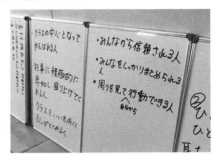

　また，校舎内の教室の位置関係がわからず，1年生が校内で迷子になるケースがあります。時間に余裕があれば校舎探検（校舎めぐり）を学級単位で行うとよいでしょう。このとき，特別教室の使い方や職員室への入り方についても説明しておきましょう。

❶日直当番の仕事始動……1年時は担任主導で仕事は決めておけばよい。
❷学級アンケート…………入学式の日に配付しておいたものを集約して，役員等選出の参考にする。意欲があり，相応しい生徒には声かけをしておくのもよい。

【3日目の時間割例】

1限	離任式	離任する先生の話から学校の雰囲気を感じ取らせる。歌詞カードを持たせ，校歌を覚えさせる。
2限	学力検査①	テストの受け方，回収方法を指導
3限	学力検査②	テスト監督の先生の入替について説明
4限	学級活動③	学級役員及び委員会，係決定

4日目

　このあたりから，給食や清掃が始まる。班を編成し，役割分担をすることで責任をもち，協力する関係をつくらせたいものです。それぞれの活動の目的や意義を一つひとつ考えさせることも必要です。やらされるからではなく，自分やまわりの仲間に役立つ仕事であることを意識させ，活動させましょう。ここが理解されていれば，例えば給食の場合，準備に要する時間を極限まで縮めることができます。目的・意義に裏打ちされたルールをきちんと守らせることが，みんなが安心する学級づくりにつながっていくのです。

　なお１年時には，給食配膳・清掃方法にしても，基本的な合理的方法を担任が示していくのがよいでしょう。

【4日目の時間割例】

1限	学級写真	残った時間は学級活動（校舎探検）
2限	身体測定	測定の受け方指導・集団行動
3限	身体測定	健康手帳への記録
4限	学級活動④	給食指導・清掃指導
	給食	給食当番活動・給食のマナー指導
5限	学力検査③	最後まであきらめない姿勢を指導
6限	学力検査④	

2　2年生担任の仕事

春休み

　学年教師集団は，1年生から持ち上がり，引き続き担当する先生で構成されることが多いでしょう。気心が知れて，学年の指導方針についても協力体制が確立されているはずです。1年生として成長してきた姿と指導方法を振り返り，2年生として期待する生徒像を描きながら，学年としての課題と指導方針を決定していきます。それを受けたうえで，担任として，どんな学級をつくっていこうか，個々にどんな活躍の場をつくっていこうかと構想を練るとよいでしょう。

【学年体制で整えておくこと】
❶指導方針の確認……校務分掌の年度末反省や引き継ぎ資料などから新年度の学年経営方針を共通理解する。
❷帳簿類の準備………指導要録，健康診断表，歯科検診表，健康手帳，家庭環境調査票，名前印（新学級に差し替えをする），出席簿，生徒名簿など，取り扱いに注意する。
❸環境整備……………教室の清掃（床，窓，黒板，掲示板，ロッカー，教卓，廊下，掃除道具箱）
　　　　　　　　　　下駄箱，トイレや手洗い場等の清掃
❹備品整備……………蛍光灯，ロッカー，カーテン，机，イス，傘立て，黒板消し
❺名前シール…………下駄箱，机，イス，ロッカーに貼っておく。
❻学級編成名簿………発表用に拡大版（学年で準備）
❼学年通信……………学年の経営方針，学年教師団の紹介
❽教科書，副読本……始業式当日に配付（2年生分は一部教科配付なし）

❾入学式準備…………職員会議で提案されたものに従い，学年で担当の割り振りをする。

【学級担任として行っておくこと】
❿座席表………………番号順に指定する。始業式当日入り口付近に掲示する。
⓫学級通信……………担任の自己紹介，学級への思い。
⓬当面の予定表………１週間分の詳しい内容を予定表の中に記入しておく。
⓭自己紹介カード……進級し，新たな気持ちで頑張ろうという意欲が表現できるもの。家庭で丁寧に作成させ，回収後，掲示する。
⓮学級アンケート……すぐに学級組織づくりが始まる。学級に対する思いやリーダとしての意識調査をする。
⓯入学式準備…………入学式前日を生徒登校日とし，準備する。旧学級での指示になるが，清掃や会場設営などの役割分担を考えておく。入学式の意義や新入生を迎える意義を説明できるようにする。

1日目

　中学校では，入学式と始業式が同日行われるところが多いでしょう。春休み中の入学式準備では旧クラスで集まりました。しかし，今日からは新2年生となり，新クラスでの新しい出会いがあります。1年生の時，やんちゃだった生徒も神妙になり，クラス発表を楽しみに登校します。誰もが，今年こそは頑張ろうと仕切り直すタイミングです。学年教員集団は，持ち上がりで担任，担当する可能性は高いでしょう。お互いを知る間柄でも，この日は節目の日とし，学級担任もかしこまった態度で，これからの1年間にかける思いを語りましょう。

❶クラス発表（学級編成表を掲示する）
　・学年の先生と一緒に指定された場所に掲示する。
　・発表後は，きれいに取り外し，教室に運ぶ。氏名確認に使う。
　・発表の瞬間，一喜一憂（？）する生徒の姿が見られる。

❷担任は教室で生徒を迎え，出席確認をする
　・担任は生徒と対面。笑顔で迎え入れよう。
　・生徒を着席させ，出席確認をする。不在の場合は，すぐに家庭に連絡して確認をする。

❸入学式・始業式へ参加する心構えをつくらせる

- 登校後，すぐに式場に移動することになる。短い時間の中で，簡単に入学式・始業式の意義について話をする。
- 2，3年生が新入生を迎え入れる立場であり，式中の合唱や式に臨む態度でその気持ちを表すことを意識させる。
- 服装・頭髪等，式にふさわしいかどうかも確認する。

❹新クラスでの初めての学級活動

- 担任の自己紹介と進級を祝う簡単なあいさつをする。たとえ，持ち上がりでお互いを知っているとしても，改めて今年度の方針や学級への思いを語る。
- 生徒の呼名，漢字等の表記を確認する。在籍番号も確認する。
- 時間に余裕があれば，生徒に自己紹介させるのもよい。
- すぐに日直などの当番活動ができるように，役割分担をする。
- 当面の学校生活の予定を説明する。予定表を準備しておくとよい。
- 掲示用自己紹介カードの記入の指示をする。（家庭で丁寧に作成）
- 学級づくりアンケートについての記入の指示をする。新クラスに期待する思いや要望を考えさせる。

❺配付物と提出物の確認

- 教科書の配付をする。
  2年用の冊数は少ない。
- 乱丁・落丁の確認。記名することを指示。
- 旧クラスで配付され，提出の指示が出ていたものを回収する。
  （家庭環境調査票・宿題など）

2日目

　今日から，実質的に学級づくりが始まります。生徒同士の自己紹介をさせながら，新しい仲間の顔ぶれを確認します。良くも悪くも１年生の時には見られなかった一面を出す生徒がいるでしょう。担任としては，生徒たちの心の奥を探るように，じっくり楽しみながら自己紹介を聞きたいものです。

　当番や係活動などの活動のさせ方は，１年経つと各学級担任のカラーが出てくるものです。それぞれのクラスから集まってくる方法を子どもたちに理解させて，このクラスならではの方法に統一させることが必要になってきます。教師主導でいくか，生徒に相談させて決めさせるか。どちらにしても，生徒が納得し，活動しやすいものにしましょう。

❶登校指導………昇降口または，教室で生徒を迎える。
　　　　　　　　教室に入る前に，頭髪や服装の不備があれば整えさせる。
　　　　　　　　始めが肝心。譲れないことは譲らない。
❷出席確認………欠席連絡がない場合は，すぐに家庭連絡して確認する。
　　　　　　　　欠席者には，明日の持ち物等連絡をする。
❸提出物回収……昨日，配付された学級づくりアンケートなど。
　　　　　　　　清掃も始まるので，雑巾も回収するとよい。

【2日目の時間割例】

1限	学力検査①	実施方法の共通理解・テストの受け方指導
2限	学級活動①	生徒自己紹介・学級への願い
3限	学級活動②	日直当番の確認・通学団会の確認 翌日の日程と持ち物確認（帰りの短学活）
4限	通学団会	通学団別通学路点検・登下校時の安全指導 （通学団ごとに下校）

3日目

　離任式では，転勤された先生方のあいさつがあり，授業，部活動，委員会などでお世話になった先生方へ生徒からの感謝とお礼の言葉があります。離れてしまいますが，お互いのこれからの活躍を約束し合う場面もあります。先生方がどれだけ生徒たちや学校のことを大切に思いやっていたのかを知ることができ，残された教職員は改めて気が引き締まる思いになります。

　学級役員等を選出し，学級組織をつくります。学校によって，学級役員の名称や役割が違いますが，学級のために尽力できる生徒，級友たちに信頼される生徒が選ばれるでしょう。2年生であれば，リーダーとしての苦労がわかるはずです。それを支えるフォロアーとしての立場も，実は重要な役目を担っていることも話していきましょう。

【3日目の時間割例】

1限	離任式	昨年度お世話になった先生とのお別れの会 心をこめて校歌を歌う
2限	学力検査②	テストの受け方確認
3限	学力検査③	コンパス・定規などの必要な用具の連絡を
4限	学級活動③	学級役員及び委員会，係決定

4日目

　「こんな学級にしたい」と学級目標を全員で考えさせ，決めていきます。体育大会や文化祭などでの自分たちの姿を想像させたり，仲間との生活の中で大切なことは何かを意見として出させたりして話し合わせます。なかなかしっくりとこないので時間がかかることもあります。担任の思いも含まれるものが決まるとよいのですが，強制はいけません。生徒全員が納得したものを教室に掲げて，クラスの状態が目標からずれてはいないだろうかと，立ち止まっていつでも確認し合えるようにしたいものです。

　給食や清掃活動も始まります。早い段階にシステム化した活動ができるように工夫させましょう。最初が肝心です。

　学年集会も設定します。中学校は学年単位で活動することが多いので，早い段階で教員と生徒が顔合わせをします。生活，学習，行事について担当の先生から話します。2年生は，職業人体験学習についての話もあります。

【4日目の時間割例】

1限	学級写真	残った時間は学級活動
2限	学力検査④	リスニング問題は必ず視聴しておく
3限	学力検査⑤	最後まで諦めない姿勢を指導
4限	学級活動④	給食指導・清掃指導，学級目標について
給食		給食当番活動・給食のマナー指導
5限	学級活動⑤	学級目標決定，掲示物作成
6限	学年集会	新学年としての顔合わせ

3　3年生担任の仕事

春休み

　3年生の担任を任されることは，身が引き締まる思いです。義務教育最後の1年間を生徒たちと過ごします。すべての行事に「中学校最後の…」が付いてきます。卒業後の進路を自分で決定させてやらないといけません。上級学校に進学するにしても，社会に出るにしても，「一人前にして送り出してやりたい」と思うものです。こんな卒業式にしたいとイメージをもちながら，教員も生徒も一日一日を噛みしめながら，悔いを残さないように過ごしましょう。

【学年体制で整えておくこと】

❶指導方針の確認……校務分掌の年度末反省や引き継ぎ資料などから新年度の学年経営方針を共通理解する。
　　　　　　　　　　特に，進路指導についての共通理解を深めておく。
　　　　　　　　　　修学旅行の担当者は，下見をしておき，計画案を練る。
❷帳簿類の準備………指導要録，健康診断表，歯科検診表，健康手帳，家庭環境調査票，名前印（新学級に差し替えをする），出席簿，生徒名簿など，取り扱いに注意する。
❸環境整備……………教室の清掃（床，窓，黒板，掲示板，ロッカー，教卓，廊下，掃除道具箱）
　　　　　　　　　　下駄箱，トイレや手洗い場等の清掃
❹備品整備……………蛍光灯，ロッカー，カーテン，机，イス，傘立て，黒板消し
❺名前シール…………下駄箱，机，イス，ロッカーに貼っておく。
❻学級編成名簿………発表用に拡大版（学年で準備）

❼学年通信……………学年の経営方針，学年教師団の紹介
❽教科書，副読本……始業式当日に配付（3年生分は一部教科配付なし）
❾入学式準備…………職員会議で提案されたものに従い，学年で担当の割り
　　　　　　　　　　振りをする。
❿認証式………………入学式準備と同日に，
　　　　　　　　　　着任式と前期生徒会役
　　　　　　　　　　員認証式を行う。
　　　　　　　　　　ここで済ますことで，
　　　　　　　　　　始業式がスリムになる。

⓫ＰＴＡ総会準備……4月中にＰＴＡ総会が行われる。その時の参観授業，
　　　　　　　　　　学年懇談会についての計画や役割分担をする。

【学級担任として行っておくこと】
⓬座席表………………番号順に指定する。今日入り口付近に掲示しておく。
⓭学級通信……………担任の自己紹介，学級への思い。
⓮当面の予定表………1週間分の詳しい内容を予定表の中に記入しておく。
⓯自己紹介カード……進級し，新たな気持ちで頑張ろうという意欲が表現で
　　　　　　　　　　きるもの。家庭で丁寧に作成させ，回収後，掲示する。
⓰学級アンケート……すぐに学級組織づくりが始まる。学級に対する思いや
　　　　　　　　　　リーダーとしての意識調査をする。
⓱入学式準備…………入学式前日を生徒登校日とし，準備する。旧学級での
　　　　　　　　　　指示になるが，清掃や会場設営などの役割分担を考え
　　　　　　　　　　ておく。入学式の意義や新入生を迎える意義を説明で
　　　　　　　　　　きるようにする。

1日目

　入学式・始業式に参加し，3年生はいよいよ最上級生になったことを実感する日になるでしょう。「よき先輩に」「学校の看板を背負う」「中学校最後」などの表現が頻繁に聞かれるようになります。生徒に自覚させ，行動にあらわれるように指導していきます。

　3回目の学級発表になります。生徒たちにとっては馴染みの顔ぶれで自然に声をかけ合い教室に向かうでしょう。2年間の指導の賜物です。しかし，始めが肝心です。頭髪・身なり・態度については，学校生活にふさわしいものであるように指導方針を教師間で共有しておきます。

❶ **クラス発表（学級編成表を掲示する）**
　・学年の先生と一緒に指定された場所に掲示する。
　・発表後は，きれいに取り外し，教室に運ぶ。氏名確認に使う。

❷ **担任は教室で生徒を迎え，出席確認をする**
　・担任は生徒と対面。笑顔で迎え入れよう。
　・生徒を着席させ，出席確認をする。不在の場合は，すぐに家庭に連絡して確認をする。

❸ **入学式・始業式へ参加する心構えをつくらせる**
　・登校後，すぐに式場に移動することになる。短い時間の中で，簡単に入学式・始業式の意義について話をする。
　・2，3年生が新入生を迎え入れる立場であり，式中の合唱や式に臨む態度でその気持ちを表すことを意識させる。
　・服装・頭髪等，式にふさわしいかどうかも問いただす。

❹新クラスでの初めての学級活動

- 担任の自己紹介と進級を祝う簡単なあいさつをする。今年度の方針や学級への思いを語る。3年生は、自分の進路について考え、決定していかなければならないことにも触れておく。また、悔いのない中学校生活を送ろうとする意欲をもたせる。
- 生徒の呼名、漢字等の表記を確認する。在籍番号も確認する。
- 時間に余裕があれば、生徒に自己紹介させるのもよい。
- すぐに日直などの当番活動ができるように、役割分担をする。
- 当面の学校生活の予定を説明する。予定表を準備しておくとよい。
- 掲示用自己紹介カードの記入の指示をする。(家庭で丁寧に作成)
- 学級づくりアンケートについての記入の指示をする。新クラスに期待する思いや要望を考えさせる。卒業式をイメージさせる内容を考えさせるのもよい。

❺配付物と提出物の確認

- 教科書の配付をする。3年用の冊数は少ない。
- 乱丁・落丁の確認。記名することを指示。
- 旧クラスで配付され、提出の指示が出ていたものを回収する。
(家庭環境調査票・宿題など)

2日目

　学力検査の監督をしながら，授業に入る学級の様子をつかみ取ります。顔ぶれを見て，その学級の雰囲気を肌で感じ取ります。発言が活発に出るか，慎重に考えられるか，提出物回収には厳しくした方がいいかなど，その学年を持ち上がりで担当する場合は，それとなくわかります。授業での指導方針を立ててみるのもよいと思います。

　春休みから連日，職員会議や学年部会，校務分掌ごとの各種部会等が開かれます。年度当初の確認事項が多くあります。特に，3年生は修学旅行が間近に迫っています。行程づくりや役割分担決め，生徒向けオリエンテーション作成など学級組織づくりと並行して準備を進めなくてはなりません。こだわりたいこと，簡略化できることを見極めて時間を上手に使っていきます。

【2日目の時間割例】

1限	学力検査①	実施方法の共通理解・テストの受け方指導
2限	学力検査②	組，出席番号等の間違い注意
3限	学級活動①	日直当番の確認・通学団会の確認 翌日の日程と持ち物確認（帰りの短学活）
4限	通学団会	通学団別通学路点検・登下校時の安全指導 （通学団ごとに下校）

　午後は，学年部会で生徒の情報交換を行ったり，自主研修会（校長塾）を開いたりします。学級担任として大切にすべきことを中堅が経験談を語り，若手に伝えます。

3日目

　新クラスになって間もなくですが，学級組織をつくっていきます。3年生になると，積極的に立候補してくる生徒が多くなります。自分を認識できているからでしょうが，周りに支えられてやっていけるという安心感があるから挑戦してみたい，役に立ちたいと思うようになるのでしょう。言い換えれば，立候補者が出てこない場合は，これまでの2年間で学年や学級の温かい雰囲気を育ててこなかったのかもしれません。3年生になって急には変われません。入学式からの積み上げが，ここに来て左右されることを念頭に置いて，中学校3年間を計画的に系統立てて指導することが大切です。

　授業が始まる前に，お互いを知る機会を設定します。グループワークトレーニング（GWT）などによる人間関係づくりの時間を学年または全校一斉で取ります。形式的な自己紹介では見られな

い級友の人柄を知ることができたり，自分のよさを気づかせてもらえたりし，これからの学級活動に生かしていける活動になります。協働学習としての道徳として位置づけることができます。

【3日目の時間割例】

1限	離任式	2年間お世話になった先生とのお別れの会。自分たちの活躍を遠くから応援してもらえるように。
2限	学級活動②	学級役員及び委員会，係決定
3限	道徳①	人間関係づくり（GWTなど）
4限	道徳②	人間関係づくり（GWTなど）

4日目

　授業の時間割も決まり，生徒配付用の時間割と教室用掲示物をつくります。係活動でも，目標や活動内容を仲間と一緒に決め，掲示物にします。3年生になれば，きれいに見やすい掲示物ができあがります。時間の確保が難しくなっていますが，隙間の時間を上手に使わせる工夫をします。できあがった係から順に掲示させていくことで，他の係も刺激をもらい，効率が上がります。こんなところでも，見える化は効果的です。

　3年生としての学年集会は，学習・生活だけでなく，進路・修学旅行についての内容が入ってきます。進路に向けて，どんなことを意識しながら生活していけばよいのか，他人任せでなく自分で切り開いていかなければいけないこと，生活や学習面での地道な努力が自分の納得できる結果を導いてくれることに気づかせていかねばなりません。

【4日目の時間割例】

1限	学級写真	残った時間は学級活動
2限	学力検査③	リスニング問題は必ず視聴しておく
3限	学力検査④	最後まで諦めない姿勢を指導
4限	学級活動③	給食指導・清掃指導，学級目標について
給食		給食当番活動・給食のマナー指導
5限	学級活動④	学級目標決定，掲示物作成
6限	学年集会	新学年としての顔合わせ

第3章
小さな工夫が大きな差を生む！
学級開きを成功に導くアイデア

1　生徒の名前を覚えるアイデア ……………………………………38
2　自己紹介カードのアイデア …………………………………………40
3　黒板メッセージのアイデア …………………………………………42
4　常設掲示物のアイデア ………………………………………………44
5　時期的掲示物のアイデア ……………………………………………46
6　教室清掃のアイデア …………………………………………………48
7　1週間の予定表のアイデア …………………………………………50
8　1年間を見通させるアイデア ………………………………………52
9　学級通信のアイデア …………………………………………………54
10　進路指導準備のアイデア ……………………………………………56

Chapter 3

1 生徒の名前を覚えるアイデア

1日1度は学級全員に声をかける

　教科担任制の中学校では，担任と生徒がかかわる機会が小学校と比べるとずいぶん少なくなりますが，生徒の顔と名前を早く一致させるには，生徒とできる限り多くかかわるしかありません。

　年度当初には，まず自分の学級の生徒全員に1日1度は声をかけること，話をすることを心がけたいところです。顔を見て，名前を呼ぶということを毎日続ければ，自然と覚えることができるはずです。

　また，担任外の学級の生徒を覚えるときは，授業での意図的指名が効果的です。授業での発問時，調べ学習や，問題を解いたりするときに教師から指名し，名前と顔を確認することで，名前を覚えることができます。1時間の授業で，できる限り多くの生徒を指名することでより早く覚えることができるものです。

学級写真で頭に入れる

　生徒は教師の名前を覚えているのに，教師は生徒の名前を覚えきれていないのでは，生徒に対して失礼です。ですから，名前を覚えることに自信がなければ，学期当初に撮影した学級写真を見て，顔と名前を覚えていくのも1つの手です。学期が始まって間もないのに自分の名前を覚えてくれていたら，生徒もきっとうれしいはずです。一人ひとりの生徒のことを知り，理解しようという姿勢を大切にしましょう。

生徒とかかわる時間を積極的に見つけることが大切です

学級の生徒全員に1日1度は声をかけます

2 自己紹介カードのアイデア

丁寧に仕上げる

　自己紹介カードは，学年で統一したものを使用することが多いと思います。絵をかいたりデザインしたりすることが好きな教師が，腕を振るうとよいでしょう。
　手描きのものは温かみが伝わりますし，パソコンでつくったものにも端正な美があります。どちらでも構いませんが，教師の意気込みが伝わるように丁寧に仕上げることが肝心です。
　書かせる内容についてもよく吟味する必要があります。プライベートに踏み込み過ぎた項目をつくらないようにし，似顔絵や貼付写真は取り扱いに注意しましょう。

いい加減な取り組みを認めない

　あきらかに手抜きをしたり，雑な彩色で提出してきたりする生徒が少なからずいますが，指導次第で今後の同様の活動への取り組み方が違ってきます。年度はじめで多忙を極めていても，ここはいい加減な指導をしないことです。
　まず，下書きをさせ，チェックします。「枠いっぱいに書くこと」「ペン書きすること」「氏名は特に大きくはっきり書くこと」などがチェックポイントです。回収後は迅速に処理し，すぐに掲示しましょう。朱書きが間に合わず掲示が遅れるくらいなら，スタンプのみでの掲示の方がベターです。タイムリーさが最優先の掲示物であることを認識しましょう。

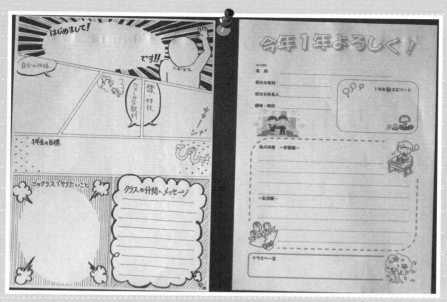

自己紹介カードの一例（左が手描き，右がパソコン作成）

年度はじめにきちんと指導しておくと，その後の同様のカードも充実します

第3章 学級開きを成功に導くアイデア

3 黒板メッセージのアイデア

自分らしさをアピールする

　生徒が期待をふくらませてはじめて足を踏み入れる教室。その教室のとびらを開けて目にする黒板に，どんな言葉が書かれているか，その言葉から学級に対してもつ印象によって，1年間の学級経営が大きく変わるかもしれません。

　ここで教師が書く言葉は，型にとらわれず，自分らしさをアピールする内容のものが一番です。まずは，自分がどんな思いでこの学級を担任するのかをしっかりと自問し，その思いを心に残るメッセージに変えて伝えるとよいでしょう。

単純明快なメッセージの中に，らしさを表現する

　心に残るメッセージ，といっても，長い文章や飾り立てた言葉はいりません。だれにでもわかる単純明快なメッセージ，それでいてインパクトが大であるもの，そんなことを心がけてみましょう。

　もちろん，単純明快なメッセージの中にも，自分らしさはしっかり表現したいものです。明るく前向きな学級にしたいなら，やる気が湧くような言葉を選び，落ち着いたおだやかなクラスにしていきたいなら，温かい言葉を選ぶとよいでしょう。

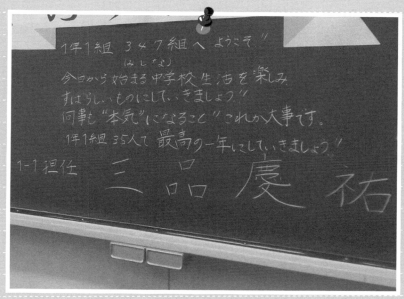

短いメッセージの中で生徒に求めることをしっかり伝えます

メッセージの周辺も適度な飾りで

第3章 学級開きを成功に導くアイデア

4 常設掲示物のアイデア

1 年間通して使える当番表にする

　席替えをするたびに班が変わり，清掃場所の交代をするシステムもよく用いられますが，忙しい時期だと大変になるときもあります。

　そこで，グループは固定し，清掃場所だけ週ごとなどで変えていくというのも1つの手です。右ページ上の写真の当番表では，このシステムに対応して，一番下の清掃場所が磁石貼りで移動できるようになっています。また，このグループは給食当番にも対応しているので，給食当番と掃除当番が1つの表で管理でき，便利です。パソコン全盛の時代に敢えて手書きをし，温かみも演出しました。もし，自分の文字に自信がなければ，上手に書ける生徒にお願いするのもよい方法です。

生徒の自主性を育てる

　当番については，食缶や牛乳配り，あるいは，ほうきやぞうきん等の担当を細かく決めません。全員で協力し合う姿勢をもたせたいからです。中学生ですから，自分たちで仕事の分担ぐらい公平にできるように成長させましょう。教師は，不公平なことが起きていないか，生徒の中におかしな力関係が生じていないかに目を光らせていればよいのです。ただし，最初のメンバー構成はよく考えてください。例えば，出席番号順に組んだら，欠席がちな生徒が集まってしまったりするような場合は，組み方を検討し直す必要があるでしょう。

清掃場所は磁石貼りなので移動できます

学級組織表も右側（空欄）に後期分の欄をつくっておくと通年で使えます

5　時期的掲示物のアイデア

月に1回定期的に振り返り活動を行う

　教室の掲示板の一角を生徒の作品掲示用に確保します。市販のクリアケースを人数分用意して壁に貼りつけ，中身を入れ替える，または入れ足していくようにすると，張り替えの手間を省くことができます。

　4月の最初は自己紹介です。あとは，月に1回月末付近に振り返り活動を行い，記述物を毎月掲示していきます。生活や学習，係や委員会活動など，何項目かについて短い文章で振り返らせれば，それほど時間をかけずに作成できます。枠を少し多めにつくっておくと，生徒個々で考えて自分なりの項目を決めるのでおもしろいです。また，1年後にはすべての掲示物をファイリングすることでポートフォリオとして残すこともできます。

掲示物のサイズだけ統一する

　月に1回の振り返りといっても，体育大会や文化祭などの大きな行事ではそれだけで振り返りを行いたいところですし，内容も変わってきます。しかし，同じサイズで，プリント1枚の振り返りであれば，すべて上記の形で掲示することができるので，1枚の掲示期間を気にしなければ，必要に応じて何回でも行うことができます。

　例えば，国語の授業で短歌をつくったら，掲示するのにふさわしい形で整えてもらうなど，教科の学習活動も同様に掲示物として残していくことができます。

実際の掲示の様子

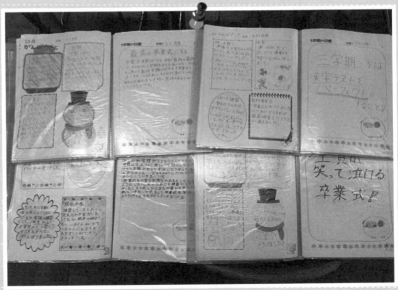

ファイリングしたもの

第3章 学級開きを成功に導くアイデア

6 教室清掃のアイデア

必要最低限の人数に絞る

　生徒にとって学校生活のほとんどの時間を過ごすのが教室です。毎日の学校生活を豊かにしていくには，教室環境の整備，清潔感のある空間が必要不可欠です。
　では，教室清掃に必要な人数はどれくらいでしょうか。学級の生徒数にもよりますが，10人以上の多人数で教室，廊下の清掃を行ってはいないでしょうか。しかし，人数が多過ぎると，掃除道具だけ持ってぼんやりしているだけの生徒や，おしゃべりに興じる生徒が出てきます。1人や2人がサボっても，何とかなってしまうからです。
　そこで，年度はじめの段階で教室掃除の人数は必要最低限に絞り，「一人ひとりが一生懸命やらないと終わらない」という環境をあえてつくることをおすすめします。

必要な人数を割り出す

　例えば，6人程度に人数を絞っても，それぞれが一生懸命取り組めば，教室と廊下掃除をするのに15分あればなんとかなります。生徒の実態に合わせて，休まずテキパキ働き，協力すればなんとか時間内に終わる人数を割り出すことが重要です。
　少数精鋭で毎日教室をピカピカにしましょう。

当番を必要最低限の人数に絞ります

テキパキ働き，協力すればなんとか時間内に終わる人数を割り出します

7　1週間の予定表のアイデア

週報をそのまま利用する

　どの学校でも教務主任から1週間の予定が書かれた週報が出されていると思います。しかしそれは教師向けのものなので，生徒には見せられない情報が含まれている場合もあります。また，全校向けのものですから，学年や学級に必要なことが書かれていない場合もあります。
　そこで，必要ない部分を消して空いたスペースに必要なことを書き加えると，簡単に生徒に配付する予定表を作成することができます。

週報を自分なりにまとめ直す

　上記の方法でも簡単に1週間の予定表をつくることができますが，少し手間をかけて自分で週報をまとめ直すことも有効です。自分でまとめ直すことで，自分自身が次の1週間の予定をイメージすることができるからです。
　また，デジタルで作成すれば，イラストを入れたり，文字のフォントや大きさを工夫したりすることも簡単です。年度はじめに決まったスタイルをつくっておけば，毎週同じ形で作成できます。月予定や年間予定を基に余裕のある時期につくれるだけつくっておいて週の直前に確認修正を行えば，忙しい時期でもそれほど時間をかけずに完成させることができるのでおすすめです。

元の週報(左)とそれを基に作成した予定表(右)

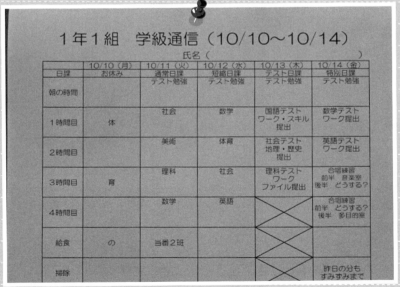

手づくりのシンプルな予定表

第3章　学級開きを成功に導くアイデア

8　1年間を見通させるアイデア

定期的に学級写真を撮影する

　1か月に1回程度学級写真を撮影することを計画します。それぞれの月で学級写真を撮影するのにふさわしい日があるはずです（4月は始業式，または学校での学級写真撮影日，9月は体育祭…など）。もちろん，「この時期はこんな雰囲気の写真を撮りたい」というものでもかまいません。

　年度はじめの段階で学級に宣言し，4月中に1年分の掲示スペースを確保します。できれば，右ページ上の写真のように，次月に撮影したい写真の雰囲気も掲示して予告します。こうすることで，行事の見通しをもたせたり，担任が生徒に望むことを伝えたりしながら学級写真を残していくことができます。また，掲示した写真を用いて定期的に振り返りを行うことなども有効です。

各分掌からの月間目標を掲示物にする

　4月の職員会議の各分掌からの提案で，月間目標が1年分提案されることがあります。生活目標や保健目標，給食目標などがあげられます。これらを1年分まとめて年間計画として掲示したり，月ごとに掲示物を張り替えたりします。

　それぞれの目標は時期に合わせたものになっているので，目標の内容から1年間の見通しをもたせることができます（学校によっては月ごとの目標は担当者が全学級分作成しているところもあると思います）。

次月に撮影したい写真の雰囲気を予告し,行事の見通しをもたせます

生活目標の掲示物の例

保健目標の掲示物の例

第3章 学級開きを成功に導くアイデア

9 学級通信のアイデア

教師の思いを率直に伝える

　中学校では，担任が学級の生徒に向けて話をしたり，かかわったりする時間が限られています。学級通信は，普段じっくり話をすることができない担任の思いを伝える手段として有効です。

　「生徒への思い」「学級の様子で思うこと」「見えないところでの生徒のがんばり」などを学級通信を通して伝えることで，教師と生徒の人間関係はよりよくなります。また，保護者に安心感を与えることにもなるでしょう。「先生はこんなところも見てくれている」「学校ではこんな活動をしている」と学校生活への理解を深めていただき，協力を得やすくなります。

　いずれにしても，教師の率直な思いを伝え，信頼関係をより深いものにしていきましょう。

見て飽きない学級通信にする

　一方で，学級通信が毎回教師の思いだけでは，生徒はあまり読んでくれません。時には，ちょっとしたエピソードや楽しい話題を取り上げてみるのもよいでしょう。教師の中学生のころの思い出や好きなアーティスト，格言などを紹介するのもよいでしょう。こういったことで教師に対して親近感がわく生徒もいます。生徒を理解するためには，まずは自分自身のことを知ってもらうことが大切です。ただし，あまり羽目をはずしたことを書かないように注意しましょう。

PASSION

H28. 4.7日(木) No.1

＜入学おめでとうございます！！＞

　1年1組のみなさん入学おめでとうございます。みなさんの担任をすることになりました三品慶祐です。今年1年よろしくお願いします。先生は昨年度3年生の担任をし、卒業生を送りだし、気持ち新たに1年生の担任ができることを嬉しく思っています。小牧中学校6年目ですが、気持ちは君たちと同じ1年生のつもりで心機一転頑張りたいと思っています。今はこれから始まるみんなとの学校生活が楽しみな気持ちでいっぱいです。中学校生活を大いに楽しみましょう。

　さて、中学校という新しい環境です。教室にはまだ名前も知らない子がたくさんいるでしょう。慣れるまでは、当然不安もあると思います。担任の先生は怖い顔だし（笑）。ただ、それは誰もが同じことだと思います。先生は一日も早くみんなのことをよく知りたいと思います。みんなにはどんな良さがあるのか、どんな性格をした子がいるのか、みんなのことを理解したいと思います。そのためには、まず先生のことを知ってほしいと思います。先生がどんな人間で、どんな性格をしているのか、ありのままの先生を知ってほしいと思います。これから1年1組のみんなと、とことんつきあっていきたいと思います。妥協は一切ありません！！では、最初に先生の信条をここで紹介します。**いつでも熱く、激しく、何事にも全力投球！！**これが先生の思いです。そんな思いをこめて1年1組の学級通信は「PASSION（情熱）」にしました。1年1組のみんなのこれからの成長を心から期待しています。一緒に頑張りましょう。厳しいことも言いますが、一人ひとりと全力で向き合っていきます。1年生が終わる時には、全員が必ずこのクラスで本当に良かったと言える学級にすることを約束します。さあはりきっていきましょう！

＜こんな子に成長してほしい＞

1　元気よく自分からあいさつができる子
2　素直で正直な子
3　何事にも全力で取り組む子
4　人を傷つけないやさしい子
5　学校を楽しめる子

保護者の皆様へ
◇　1年1組の担任になりました三品慶祐です。子どもたちとともに学び、ともに成長していきたいと思います。体力と元気と情熱だけは誰にも負けないつもりです（笑）。1年1組の子どもたちを、心身ともにしっかりと成長させることができるよう、全力で取り組んでまいります。今年1年よろしくお願いします。

教師の思いや願いを率直に伝えるのが一番です

10 進路指導準備のアイデア

個票作成で生徒の実態を把握する

　進路指導＝進学指導ではありませんが，実際の中学卒業後の進路を考えると進学が大きなウエイトを占めることは間違いありません。そこで，春休み中にできる準備として，受け持つ予定になっている生徒の１，２年時の成績を個票にまとめておきましょう。最近では成績をデータベース管理している学校も増えてきたので，そんなに手間のかかることではありません。そうでなくても，少なくとも指導要録を見れば１，２年の学年末の成績がわかるはずです。自分で持ち運べる個票にデータをもっておくこと，学級開き前に一人ひとりのデータに目を通しておくことで，気になる生徒には時間のあるときに短時間でも面談を行っていくことが可能です。

各種進路先の情報や進路日程を収集しよう

　中学卒業後の進路は大きく分けて進学と就職の２つです。それぞれの選考日程から逆算して指導の計画を立てる必要があります。大まかなところは進路指導主事から情報が出ますが，多様な生徒のニーズに応えるには，自分の中に多くの情報をためておくことも大切です。すべてを覚えるということではなく，自分なりにわかりやすく情報をまとめておくことで，生徒一人ひとりに合った情報を素早く提供することができます。各高等学校や専修学校のパンフレットにも，できるだけ早いうちにひと通り目を通しておきたいところです。

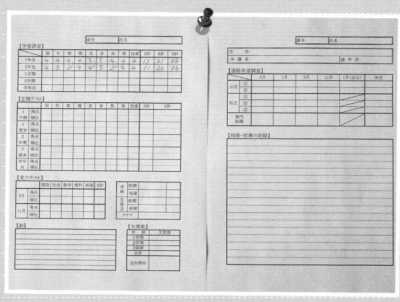

新年度前の状態

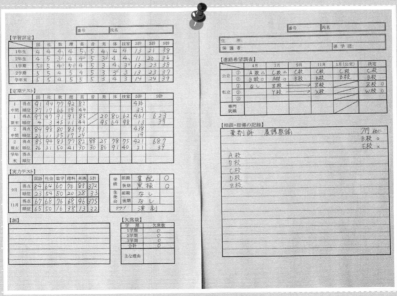

1年後の状態

第4章

生徒の心をガッチリつかむ！
出会いの日の教室トーク

1　新しいこと，変わらないこと（1年） ……………………… 60
2　「夢ノート」を始めよう！（1年） ……………………………… 62
3　大切なものを見つけよう！（1年） …………………………… 64
4　尊敬される先輩になるために（2年） ……………………… 66
5　「中だるみ」を楽しもう!?（2年） …………………………… 68
6　「己に克つ心」をもとう！（2年） …………………………… 70
7　スタートダッシュをきめよう！（3年） …………………… 72
8　タンポポの綿毛になってTake Off！（3年） …………… 74
9　一人ひとりが「矜持」をもとう！（3年） ………………… 76

Chapter 4

1 新しいこと，変わらないこと（1年）

話し始める前に

　生徒にとって中学校は未知の世界です。新しい制服，新しい仲間，新しい担任…，そして，気持ちも新たにしている生徒が多いことでしょう。

　しかし，何もかも新しいわけではありません。例えば，小学校のときと同じように，よいことをやればほめられ，悪いことをすれば怒られもします。これまでと変わらない，「当たり前」のこともたくさんあるのです。

　今日から始まる中学校生活への希望をもたせつつ，「これまで通り，当たり前のことをしっかり続けていこう」という気持ちをもたせましょう。

トークのメニュー

- 担任の自己紹介（名前の「云われ」などを伝えると，家庭での話題になる）
- 生徒の呼名（事前に読み方を確認しておくことを忘れずに。生徒に名前を言わせるより，教師が明るく呼名するのがベター）
- 中学生になり新しくなったことと，これまで通り変わらないこと（中学生活の過ごし方がわかるように話す）
- 中学校では多くの先生の授業を受けること（小学校との違いの1つ）

笑顔で一人ひとりの顔を順に見た後に話し始めます。これは，演出としてとても大切です。

> みなさん，とてもいい顔をしてますね。「よし，中学校でがんばるぞ！」という気持ちがよく伝わってきました。今日から，力を合せて，すばらしい学級にしていきたいと思っています，担任の○○です。どうぞよろしく！

　呼名をした後，よい返事ができたら大いにほめましょう。

> さて，今日から中学校生活が始まりました。先生は，君たちとの新しい出会いを今か今かと楽しみに待っていました。ようこそ中学校へ。さて，今日から小学校と違って，毎日制服を着て登校することになりました。今，どのような気持ちですか？　きっと何もかも新鮮な気持ちで，今ここに座っていることと思います。新しいことは，とてもよいことです。

　話の展開を変えるときは，少し間を空けましょう。

> しかし，中学生になったからといって，すべてが新しくなるわけではないのです。これまでと同じこともたくさんあります。何だと思いますか？　例えば，よいことをすればほめられます。これは，小学校とまったく同じです。悪いことをすれば，当然ですが叱られます。このことは，中学校ばかりではなく，高校に進学しても，社会人となっても同様です。このように，変わらないこともたくさんあるのです。

　うなずいて聞いている生徒を見つけ，聞き方のよさをほめるとよいでしょう。ほめることで，その行動が他の生徒へ伝播します。

> 中学校生活のスタートにあたって君たちに期待するのは，小学校のときに得意だったことをさらに伸ばしてほしいということ，そして，得意だと言えることをたくさん増やしてほしいということです。中学校では多くの先生の授業を受けます。必ず君たちのよさを見つけてくれる先生がいますよ。

第4章　出会いの日の教室トーク

2 「夢ノート」を始めよう！（1年）

話し始める前に

　小学生から中学生へ。生徒は新しい環境で，新しい自分を見つけようと様々な目標をもって入学してきます。その反面，自分が本当に中学校の生活に適応できるのか，大きな不安をもっています。
　ですから，生徒との初対面では，そういった不安を消し去ってしまうぐらいのトークをすることが大切です。「これならできそうだ！」「やってみようかな」と思わせる話と，それをいきいきと語る教師の姿を見せることが大切です。
　教師の「笑顔」「生徒をまっすぐ見つめる瞳」「前向きな言葉」などは，生徒の心に刻まれ，教師の第一印象が決まります。

トークのメニュー

- 実物を見せながら「夢ノート」の紹介（期待をもたせるように）
- 担任の自己紹介（第一印象を生徒に尋ねると雰囲気が明るくなる）をした後に，「夢ノート」に綴られている担任としての目標を語る
- 小さな目標でもよいので，今自分がやってみたいことを言葉にしてみることの大切さを伝え，夢はみんなでつくり上げるものという自覚をもたせる（家族や友人など周囲に目を向けさせる）

1冊の新しいノートを取り出します。そのノートの1ページ目には，新しい学級に対する思いを書き綴っておきます。

> 　みなさん，ここに1冊のノートを用意しました。このノートは「夢ノート」と呼んでいます。自分の夢ややりたいこと，目標を書き綴ります。とてつもなく大きなことではなく，小さな目標でよいのです。例えば，「明日のリコーダーのテストに合格する」とか「明日は6時に起きる」といったことです。自分の夢や目標を言葉にしてみましょう。ノートに書くと，きっと夢や目標がかないます。
> 　「本当かな？」と少し疑っている人もいるかもしれませんね。実は，ノートに書いて言葉にすることで，自分の夢や目標に責任をもつことになるのです。責任は行動につながります。だから，夢や目標の実現が近づくのです。

　ここでノートを開き，1ページ目を見せます。

> 　さて，1年○組の担任である私の「夢ノート」の1ページ目をみなさんに紹介しましょう。

　1ページ目の内容を声に出して明るく読みます。

> 　私は，今日からこの「夢ノート」に，この学級のこと，みなさんのことを書き綴っていきます。責任をもってこの学級全員の夢や目標が実現するよう行動に移します。来年の3月には，このノートに感謝する日が来ると信じています。みなさんも「夢ノート」を始めてみましょう！　中学校生活に対する不安を消すには，具体的な目標を立てて，一つひとつ実行に移すことです。そのための力を貸してくれるのがこのノートです。そしてノートに書いたら，まわりの人にも話しましょう。苦しいときは「助けて」と素直に叫びましょう。多くの人の力がみなさんを支えてくれます。
> 　1年間，「夢ノート」とともに一緒に夢を実現させていきましょうね。どうぞよろしくお願いします（深く頭を下げる）。

3 大切なものを見つけよう！（1年）

話し始める前に

　期待と不安でいっぱいの生徒たちに，中学生になった自覚を促したいものです。そのためのポイントは，「大人扱い」することです。例えば，教師は自分のことを「先生は…」ではなく，「私は…」と呼びます。また，話の中にちょっとだけ難しい言葉を織り交ぜたりするのもよいでしょう。

　しかし，生徒の不安を増大させてしまっては元も子もありません。「頼りになりそうな先生だ」「優しそうな先生だ」と思わせるには，話し方と笑顔がポイントです。はきはきと明るく簡潔に話すことを心がけましょう。

トークのメニュー

- 入学を祝う言葉（入学式の式辞を取り上げたり，校歌や校訓から引用したりするのもよい）
- 担任の自己紹介（プロフィールとともに，座右の銘（好きな言葉）など，人柄が伝わることを紹介する）
- 「こんな中学生になってほしい」という姿を伝える（願いを込めた言葉を贈る）

行儀よく座ってこちらを見つめている生徒を前にすると,教師も緊張します。保護者もいればなおさらです。そこで,一度深呼吸して,適切な声の大きさと低めのトーンで話し始めます。

> ○○中学校にようこそ。みなさんの入学を首を長くして待っていました。こんなふうに真剣なまなざしでお話を聞いてくれる人たちが○組の生徒だと思うと,本当にうれしくなります。私は,担任の○○です。どうぞよろしくお願いします。

ほめられ,認められればうれしいものです。そして,自分を認めてくれる人を好きになるものです。生徒に「この先生,いいな」と思わせたいですね。

> 私の座右の銘,つまり,いつも心がけている言葉を紹介します。「和顔愛語」という言葉です。聞いたことありますか? 書いてみますね。漢字から意味を想像してみてください。

生徒に質問を投げかけたら,注意深く反応を見てみましょう。物怖じしない生徒は何か言うかもしれません。言葉はなくても,表情が動く生徒もいます。こういった生徒の反応を肯定的に受け止め,深入りはせず,説明を続けます。なお,黒板に書く文字でも教師は値踏みされます。自信をもって見てもらえるような文字を書きましょう。

> この言葉は,「穏やかな表情と思いやりのある言葉」という意味です。このことを心がけてみなさんに接していくつもりですから,安心してください。

笑顔で語りかければ,生徒の緊張もほぐれてきます。はきはきとテンポよく表情豊かに話しましょう。生徒に質問したら,間をとることも忘れずに。

> みなさんは,どんな言葉を大切にして生きていますか? 自分の生き方を考え,大切なものを見つけていくのが中学生であり,中学校での生活なのです。いろいろなことに挑戦して,充実した毎日にしていきましょう!

4 尊敬される先輩になるために（2年）

話し始める前に

　中学2年は「中だるみの学年」とよく言われます。冷静に考えてみると，これは教師が勝手に思っていることで，生徒自らが「2年生になったから，少しばかりたるんでもよいだろう」などと思うことはありません。
　2年生にとっての大きな変化は，後輩ができることです。このことを意識させることが大切です。
　よい先輩像を考えさせながら，「自分自身がそう言われるように努力しよう」という気持ちをもたせたいものです。

トークのメニュー

- 担任の自己紹介（たとえ昨年度受け持った生徒がいても，新鮮な気持ちで話す）
- 中学2年は中だるみの学年ではない（多くの生徒が耳にしている言葉なので，きっぱり否定する）
- 2年生になり，後輩ができたことは大きな変化（よりよい先輩になろうという気持ちを高めるように話す）

昨年度受け持った生徒がいても，「はじめまして」という表情で話し始めます。新たな１年が始まったことを意識させましょう。

　みなさん，クラス分けの表を見て，いろいろと感じたことがあるでしょう。私は神様がよく考えて，こうした出会いをつくってくれたのだと思っています。新しい１年がいよいよ始まりました。みんなで力を合せて，すばらしい学級にしていきたいと思っています。担任の〇〇です。どうぞよろしく。

　黒板に，「中だるみ」とだけ書いて，話し始めます。

　さて，「中学２年は中だるみの学年」という言葉を聞いたことがある人がいることでしょう。でも，先生はこの言葉はおかしいと思っています。「さあ，中学２年生になったからたるんでやろう」などと思っている人は，だれもいないと思うのです。

　きっぱり否定した後は，笑顔が大切です。次に，黒板に「先輩」と書いて再び話し始めます。

　１年生が入学してきて，あなたたちには後輩ができました。つまり，あなたたちは「先輩」と呼ばれるようになったのです。先生は，先輩という言葉の響きが大好きです。それは，憧れる人の姿が思い浮かぶからです。君たちが考える先輩のイメージはどのようなものでしょうか？

　先輩についてより具体的にイメージさせるため，数人に答えさせます。

　今，先輩のイメージを話してくれました。そのような先輩であれば，きっと多くの後輩から慕われる先輩になると思いますよ。１年生から「先輩，先輩」と頼られると，とてもうれしいものです。元気が出ますよ。２年生後半になると，３年生が生徒会執行部の中心でなくなったり，部活動を引退したりするので，様々なところで，真の先輩にならなくてはなりません。自分たちには大きな責任があることをぜひ自覚してください。

第４章　出会いの日の教室トーク

5 「中だるみ」を楽しもう!?（2年）

話し始める前に

　中学2年生の時期は，いわゆる思春期のど真ん中です。自我が目覚め，自分自身の考えがしっかりし始めるものの，その反面，些細なことで心の状態が不安定になってしまいます。

　また，すっかり学校生活にも慣れて，緊張感がなくなってくる時期でもあります。前項でも触れましたが，そんな緊張感のない状態を「中だるみ」と表現することがあります。しかし，考え方1つで物事のとらえ方は変わるものです。ここでは，「中だるみ＝ゆとり」ととらえ，精神的にも時間的にもゆとりがある状態が，「中だるみ」の正体と考えてみたいと思います。

　4月の出会いの言葉は，生徒の心に1年間残ります。担任が常に物事を前向きに考え，プラスの言葉を使うことで，学級や生徒たちは1年生のとき以上に活躍します。さあ，たるんだ袋を準備してトークを始めましょう！

トークのメニュー

- 自己紹介と生徒の呼名，「中2」のイメージについての質問
- 「中だるみ」とはどういうことなのか（実は，可能性が広がっていること）
- 「中だるみ」を楽しむ1年にしてほしいこと

満面の笑顔で学級全員の顔を眺め，黒板に名前を大きく書きます。

担任の○○です。よろしくお願いします。さて，今日からみなさんは中学2年生。2年生になってどんな気持ちですか？（数名の生徒に聞く）
新鮮な気持ちでこの日を迎えた人，そして昨日までの延長で今日を迎えた人と様々ですね。
ところで，「中2」というとどんなイメージがありますか？（数名の生徒に聞く）
みんなは，そうしたイメージをもっているんですね。世間ではなんと言われているか知っていますか？ 「中だるみの学年」とよく言われます。

ここで，たるんだ袋と引き締まった袋を取り出します。

どうですか？ 「たるみ」という言葉はあまりイメージがよくないですね。でも，考え方を変えてみましょう。
（たるんだ方の袋を大きく広げながら）どうですか？ たるむということは容量が増え，幅が広がるということです。ということは，この中にたくさんのものが入るスペースができているということですよね？（実際に，袋にボールをたくさん入れて見せます）
みなさんは，1年間で心も体も大きく成長しました。学校生活にも十分慣れました。つまり「たるみ」というのは，実は「ゆとり」「余裕」のことを指しているのです。それならば，この「ゆとり」や「余裕」を使って，もっともっと自分の可能性の幅を広げてしまおうじゃないですか！

ここで袋が破れるくらいに大きく広げ，話の内容を強く印象づけます。

可能性の幅を広げるものは，勉強や運動，部活動はもちろん，自分の趣味，友だちとの関係などたくさんあります。今ある力にプラスαする「ゆとり」や「余裕」があるのですよ。さあ，この1年間を「中だるみ」を十分に楽しむ年にしましょう。どうぞよろしくお願いします。

6 「己に克つ心」をもとう！（2年）

話し始める前に

　中学校生活にも慣れ，心も体も著しい成長をみせる2年生。大人に近づきつつある彼らとの距離感は注意したいものです。親しみやすいこととなれなれしいことは違います。区別をしっかりつけるためにも，教師はTPOに応じた話し方をしなければなりません。

　持ち上がりの場合は，昨年とはひと味違う話をしたいものです。「好きな言葉」シリーズとか「○○になろう」シリーズなど，シリーズ化して話をしていくのもよいでしょう。はじめて担任する学年の場合は，教師の人となりが伝わる話をすると心の距離が縮まるはずです。

トークのメニュー

- 進級を祝い，2年生としての自覚を促す（1年生にとっての「憧れの先輩」になってほしいことを伝える）
- 教師の自己紹介（これから毎日接する中でお互いのことを理解していきたいことを伝える）
- 贈る言葉（中学2年生に贈るにふさわしい言葉を選ぶ）

新しい学級になり，生徒に落ち着かない様子も見られるかもしれません。だからこそ，最初のトークはとても大切です。仮に持ち上がりの学級だとしても，礼儀正しく振る舞います。

> 2年への進級，おめでとうございます。入学式で新入生と対面して，どう感じましたか？　個人差はあるにしても，とても初々しかったですね。緊張も伝わってきました。去年の自分を思い出した人もいることでしょう。みなさんは，今日から「先輩」と呼ばれる立場です。どうせなら，「憧れの先輩」を目指しましょう。

新入生の様子から，自分たちの成長ぶりを実感させます。そして，先輩としての自覚を促します。

> 私，2年〇組の担任を務めます，〇〇です。どうかよろしくお願いします。担当教科は〇〇です。私がどういう人なのか，これから毎日接する中で見つけていってください。私も，みなさんがどういう人なのか，毎日見ていきたいと思っています。

あえて細かな自己紹介をしないという方法もあります。進級を機に，昨年とは違う自分になろうとしている生徒もいることでしょう。過去ではなく，これからに注目しているということを伝える機会でもあります。

> ここで，進級したみなさんに「克己心」という言葉を贈ります。「克」の文字は「かつ」と読みます。克己心とは，「己に克つ心」と書きます。みんなも自分の弱さに負けない心をもちましょう。そして，自らを高め，伸ばしていける人になってほしいと思っています。ともに精進していきましょう。

「がんばる」という言葉は便利ですが，多用しすぎないように気をつけたいものです。教師は語る言葉を磨かなくてはいけません。「がんばる」一辺倒では，生徒に語彙力もつきません。自分の思いを生徒に伝えるために適切な言葉を探し，心を込めて，わかりやすく語ることが大切です。

7 スタートダッシュをきめよう！（3年）

話し始める前に

　中学3年生には，いよいよ義務教育の最終学年であることをしっかり意識させたいものです。

　義務教育が終了するということは，何事も自分自身で考え，自分自身で進路を選択していく長い人生が始まるということです。

　新年度の初日が，1年後から始まる新たな人生に向けて意欲を高め，大きな夢をもつ記念日になることを願って，教師の思いをしっかりと話し伝えましょう。

トークのメニュー

- 担任の自己紹介（自身の中学3年生のときの心情を話す）
- 中学3年は義務教育最終年度であり，これが意味することをしっかりとらえさせる（来年からは自己選択の機会の連続になることなどを意識させる）
- 中学3年の学級開きの日は，将来の夢を描き，その実現に向けてスタートダッシュをきめる日（中学3年の学級開きの日が将来忘れられない日となれば最高であることを伝える）

まずは、担任の自己紹介から始めます。その際、自分が中学3年生を迎えたときの心情を紹介するとよいでしょう。

> みなさん、3年生への進級おめでとう。私が3年生になったときを思い出すと、「いよいよ中学最後の年、1年後は仲間とバラバラになるんだ」とちょっと悲しい気持ちになったことを今でも覚えています。みんなで力を合わせ、すばらしい学級にしていきましょう。担任の○○です、どうぞよろしく。

ここで、黒板に「義務教育最終学年」と書きます。

> さて、みなさん、「義務教育最終学年」という重みを感じていますか？義務教育が終了するということは、それから先は、何も決められていないということで、すべてはあなたたち自身が決めていくということなのです。1年後から、自己選択の連続の長い人生が始まるわけです。

この1年の重みを伝えたら、将来の夢を描かせるために、笑顔で明るく話しましょう。

> そこで、学級開きの本日、将来の夢を改めてもってほしいのです。「ありたい自分、なりたい自分」を考えてほしいのです。それがなければ、何を基準に選択してよいのかがわかりません。「このような職業に就きたいので、この進路を選ぶ」とか、「このような人になりたいから、ここでボランティアを経験してみたい」など、選択の土台にすべきは、将来の自分の姿なのです。

自己選択の幅を広げるには、自分を磨き、高める必要があることを伝え、そのためにスタートダッシュをしようと呼びかけます。

> この1年は、自己選択の幅を広げるための1年であってほしいと思います。幅が狭いと、いろいろと考えることができないからです。そのためには、自分を磨き、高める必要があります。今日がそのスタートの日です。ぜひスタートダッシュをきめてください。しっかり応援しますよ！

8　タンポポの綿毛になって Take Off！（3年）

話し始める前に

　義務教育最終学年である中学3年生の最大の関心事は，何といっても進路選択です。そして，卒業。生徒は，この1年間の努力がいかに大切かをよく知っています。また，最終学級での友人との生活がすばらしいものになることに大きな期待を寄せています。

　新しい担任が何を話してくれるのか，そして，どこへ導いてくれるのかを，生徒も保護者も胸躍る気持ちで楽しみにしています。そうです，だからこそ，この出会いの日の第一声が，生徒や保護者の不安を期待に変え，そして大きな希望に変えることができるのです。

　満面の笑みで自己紹介をしたら，タンポポの花と綿毛を取り出して，担任自身が描くこの1年間の未来予想図を，生徒と保護者に語って聞かせましょう。

トークのメニュー

- ●担任の自己紹介（最高学年を担任する喜びの思いを込めて）
- ●1年間の学級の設計図と1年後の子どもたちの姿をイメージさせる話
  （ここでは，タンポポの一生をイメージさせる）
- ●綿毛を飛ばし，進路選択には多くの支えが必要であることを強調する

笑顔で生徒の表情を1人ずつ確認し,ゆっくり大きな声で話します。

担任の○○です。今日,みなさんと出会い,この学級で1年間過ごせることに感謝しています。今日は,この1年の未来予想図を描いてみます。

ここでタンポポの花を取り出します。

私は,この学級の未来を,タンポポの生き方として予想図を描いています。この花は,来年の3月に咲く,みなさんが進学や就職といった進路が見事に決まったときの「笑顔の花」です。でも,この花は3月に突然咲くわけではないのです。夏や秋,冬の間,タンポポはどうしていると思いますか?(数名に尋ねてみる)

そうですね,タンポポはその葉を地面いっぱいに広げます。そうすると太陽はその葉に向かって最高のエネルギーである光を送ってくれます。また,地面の中では必死になって根を先へ先へと延ばす努力をします。すると,地下の水がタンポポの根に送られます。花が咲くのは,数日。でも,そのためにタンポポは惜しみない努力をします。そして,その努力を太陽や地下水が応援してくれます。この1年間,みなさんもタンポポと同じように,進路を実現するために最大の努力をします。でも,1人ではないのです。タンポポを太陽や地下水が支えてくれたように,家族や先生,友だちがみなさんを支えてくれます。

ここで,タンポポの綿毛を見せます。

そして,「笑顔の花」を咲かせたら,学級全員がこの1つの綿毛の中に一つひとつの種としてスタンバイします。今まさに飛び立とうとする瞬間ですね。私は,1年後の3月に,みなさんが輝かしい未来にTake Offする瞬間を思い描いています(綿毛に息を吹きかけ飛ばします)。

1年間で,3年○組の見事な綿毛をつくりましょう。それぞれが輝く未来に飛び立つために。1年間,よろしくお願いします!

第4章 出会いの日の教室トーク

9 一人ひとりが「矜持」をもとう！（3年）

話し始める前に

　3年生ともなれば，生徒たちは精神的に成長し，教師を見る目も肥えてきています。思春期特有の潔癖さも持ち合わせていることでしょう。

　担任は，そのまっすぐな眼差しをしっかり受け止められる大人でいることが大事です。そのためには，「教師と生徒」である前に，「人間と人間」というスタンスを忘れないことです。

　何を話すにせよ，常に気をつけたいことは，自分の見方が偏見に陥っていないかということと，マイノリティの生徒たちへの配慮を忘れていないかということです。

トークのメニュー

- ●進級を祝い，奮起を促す言葉がけ（一人ひとりが様々な場面で活躍してほしいことを伝える）
- ●中学3年生にふさわしい言葉を贈る（あえて，普段聞き慣れないような少し難しい言葉を選ぶ）
- ●目先の受験だけを想定して，学習面の話題に絞るのではなく，将来を見据え，人間性を磨いてほしいことを伝える

いよいよ最終学年，そして，受験生になったということで，生徒たちの心構えは十分できているはずです。自覚を促し，やる気を喚起しましょう。

> 進級おめでとう。いよいよ義務教育仕上げの年，中学３年生ですね。みなさん，決意を新たに引き締まった顔つきで今日を迎えていますね。そんなみなさんには，ぜひトップリーダーを目指し，一人ひとりが様々な場面で活躍してほしいと思っています。

一部のリーダー層の生徒だけでなく，学級全員を対象にした言葉です。係活動でも当番活動でも，トップリーダーの気概をもって，活動に取り組んでほしいことを伝えます。

> さて，そんなみなさんに伝えたい言葉が「矜恃」です。この言葉の意味がわかる人はかなり語彙力が高い人ですね。意味は「自分の力や才能を信じてもつ誇り」です。私は，自分自身を支えるのは「矜恃」だと思っています。この１年，自分を信じるに足る努力を重ねていきましょう。

３年生ですので，あえて普段聞き慣れない，難しい言葉を選びます。英語の先生なら，英語の格言などもよいでしょう。難しい言葉なので，板書して見せるようにします。大きな紙に書いておけば，そのまま学級の掲示物にすることもできます。

> １年後には，みなさんは新しい世界で第一歩を踏み出していることでしょう。中学校で，学ぶべきことを学び，自信をもってこの〇〇中学校を巣立ってほしいと願っています。学習面だけでなく，人間性にも磨きをかけていきましょう。

目先の進路のことだけを想定するのではなく，もっと先を見て生徒たちに語りかけたいものです。「受験生なんだから，勉強をがんばれ」という励ましは家庭や塾でさんざん言われているはずだからです。「どういう大人になりたいか」「どんな人生を送りたいのか」を問うてみるのもよいでしょう。

第5章
1年で最初のビッグイベント！
入学式の指導＆準備のポイント

1　1年生の指導のポイント……………………………………………………80
2　在校生の指導のポイント……………………………………………………84
3　教師が行う準備のポイント…………………………………………………88

Chapter 5

1 1年生の指導のポイント

丁寧な指示，説明を心がける

　小学校では，学校のルールなどを何度も繰り返し言われ，徹底することを経験してきています。そこで，「中学生であれば，1回の指示，説明で理解できる」と伝え，教師自身がそれを貫き通すようにします。もし1回聞いただけでわからないことがあれば，まずは友だちに尋ねてみることにしておきます。他者に説明することで，尋ねられた生徒自身の理解も深まります。

　同じ学校生活とはいえ，小学校と中学校では何かとシステムが違います。「知らないだろう」「わからないだろう」を前提として生徒とかかわっていく必要があります。丁寧な指示，説明を心がけましょう。

　生徒が学校生活に慣れるまでは，「生徒に伝わっているかな」と意識しながら説明していきたいものです。

生徒の緊張をほぐす

　教師の笑顔，優しい語りかけが生徒の緊張をほぐします。新しい節目となる中学校入学に，生徒たちは，「新たな気持ちでがんばってみよう」と希望と意欲に満ちています。その気持ちを大切にして，順調に学校生活が軌道に乗るようにしてあげたいものです。

　そのためには，担任の「人となり」を紹介し，知ってもらうことも大切です。「この担任の先生なら信頼できる。安心できる」という関係を築いていきたいものです。

伝えたいことを掲示したり，板書したりする

　環境の変化に戸惑いながらも，生徒は緊張感をもち，教師の話を聞きもらさないようにしようとしています。ところが，情報量の多さに指示や伝達事項がうまく伝わらないことがあります。

　そこで，伝えたいことをあらかじめ掲示したり，板書したりすることをおすすめします。例えば，入学式当日にはじめて教室に入っても，どこに座ればよいか，まず何をすればよいか，新入生にはわかりません。教師がずっと張りついていて，いちいち説明するのも大変です。

　ここでは，座席表を掲示しておいたり，荷物は指定されたロッカーの中に片づける旨の指示を板書しておいたりすると，生徒は安心して行動することができます。

入学式の意味を伝える

　入学式は，学校行事の中でも大切なものです。生徒は，中学校生活を通して，心身ともに大きく成長し，主体的に考えて行動できるようになることをまわりの人たちから期待されています。その節目となるのが入学式です。

　また，「まわりの人たち」には，家族だけでなく，地域の方たち，在校生，教職員も含まれます。地域の方からの祝辞，在校生からの校歌や祝福の歌，教職員による会場の準備などの一つひとつに歓迎の気持ちと期待が込められていることを，会場に入る前に担任から少し話ができるとよいでしょう。

生徒の可能性を探る

　今年の新入生は，指示が通りやすいか，話が聞けるか，リーダーシップを

とれる生徒がいるか，などを探ります。

　入学式の入場前の短い時間で試してみるとよいのが整列です。全員を着席させ，出席を確認し，トイレも済ませます。入場の10分前に，男女別で背の順に並ぶように指示をします。烏合の衆に近いか，リーダーが出現する集団かを見極めることができます。リーダーが現れると，並ぼうとしないでモジモジしている生徒の世話をしたり，指示を出したりするなど，人となりが見えてきます。教師が介入しないと整列できないとなると，学級経営に工夫が必要になるでしょう。

　このように，整列1つで，学級のリーダーはだれか，積極的で生徒たちにある程度任せていけそうな学級か，担任支援がかなり必要な学級かといったことがみえてきます。もちろん，キビキビと素早く並べたら，「今年の1年生はやるなあ！」とほめてあげましょう。

しっかり褒める

　新入生の中には，ちょっとしたことを頼んでも，われ先にと競い合いながら応えてくれる生徒がたくさんいます。これは，教師にとってもうれしいことです。

　こんなときは大いに生徒をほめて，感謝の気持ちを伝えましょう。人の役に立ち，感謝されるという小さな体験が，高い自己肯定感をもって中学校生活を送っていくきっかけになるかもしれません。

　このほかにも，配付物を教師が配ったとき「ありがとうございます」とつぶやいた，指示を出されなくても提出物を番号順に回収してくれた，など，生徒のちょっとした行動を見逃すことなく，大いにほめてあげましょう。そのことが，好ましい生活習慣につながっていきます。

生徒，保護者に担任の人となりを知ってもらう

　式が終わり，教室に戻ったら，はじめての学級活動の時間になります。担任の自己紹介と入学祝いの気持ちをしっかりと伝えます。生徒とのやり取り

の中で，担任の人となりを知ってもらうとよいでしょう。また，和やかな雰囲気をつくりつつも，「ここまでは譲れるけれど，ここからは譲れない」といった指導方針やルールにも触れます。

入学式後には，保護者を対象として，学年主任や養護教諭，栄養教諭，事務職員などからのあいさつやお願いごとをするとよいでしょう。その後，教室に移動してもらい，学級の様子を参観していただきましょう。

保護者の最大の関心事は，担任の先生がどんな人物かということです。「我が子の担任はこんなにしっかりした先生なんだ。だったら任せて安心」と思っていただけるような態度，言葉づかいを心がけましょう。

生徒，保護者からの相談に耳を傾ける

学級の時間が終わり，全体が解散した後で個別に相談に来られる保護者や生徒がいます。多いのは，身体的な面での配慮，給食の対応の仕方，学習遅滞に対する不安などの個別相談です。また，持ち物，服装・身なりの基準などもよく質問されます。

どんな相談もしっかりと聞き，わかる範囲でしっかり答えます。はっきりわからないことや協議しなければならないことについては，学年や学校全体で確かめてから返答します。また，教職員で共通理解を図っておいた方がよいことは，必ず報告します。

2 在校生の指導のポイント

先輩，最上級生としてどんな姿を見せたいかを問う

　まずは，先輩として後輩になる新入生にどんな姿を見せたいかを問い，考えさせたいものです。
　そのために，1年間あるいは2年間，中学校生活を送ってきた中で，自分は何に夢中になってきたのか，何をがんばってきたのか，どんな成長があったのか，もっと努力したかったことは何だったのか，なぜ失敗してしまったのか，などを振り返らせます。
　そして，進級した今，充実した学校生活を送るための抱負を語らせましょう。そうして，自分自身を磨いていくことが，後輩のよきお手本となることに気づかせていきます。

在校生にとっての入学式の意味を考えさせる

　入学式は，新入生が主役の行事ですが，その主役を引き立たせるのが在校生の役割です。期待と不安が入り混じった新入生が入学してきます。これから一緒に学校生活を送る仲間を迎えるわけですから，不安を取り除き，「ここなら希望をもってがんばっていける」と思ってもらえる準備をしなければいけません。自分たちが温かく迎えてもらったことを思い出しつつ，心のこもった入学式になるよう協力的に準備させます。
　入学式当日は，入場時の温かな拍手，美しい歌声の校歌披露など，態度や行動で歓迎の気持ちを表現させます。

心をこめつつ，手際よく準備をさせる

　入学式の前日（春休みの最終日）に，いつも以上に心をこめて体育館の清掃を行い，整然とイスが並ぶ会場を設営します。

また，1年生の教室には，入学おめでとうの飾りつけを施します。色画用紙を切り抜いて文字を書いたり，薄い色紙で花をつくったりして教室を華やかに飾ります。また，メッセージを寄せ書きにして，1年生の教室や廊下に掲示するのもよいでしょう。

　ここでは，一から準備をすると大変なので，ひと工夫として，3月に卒業生を送るためにつくった飾りをとっておき，入学式用に再利用します。そのときの担当生徒が引き続き作業を行うと，手際よくできます。

第5章　入学式の指導＆準備のポイント

合唱で新入生を圧倒させる

　入学式は，おおよそ「校長式辞→校歌斉唱→新入生代表誓いの言葉→在校生による祝福の歌→対面式」の流れで行なわれていきます。校歌や祝福の歌では，中学生の声量とハーモニーの美しさに新入生は圧倒されます。

　入学式当日にそのレベルに達することができるのは，前年度の卒業式に向けての合唱練習があってのことです。春休み中は練習ができないからです（かろうじて，前日準備の際におさらい程度のことができるくらいです）。

　また，卒業式は１年生から３年生までいましたが，入学式では新２年生と新３年生しかいません。ここで求められるのは，先輩としてのプライドです。一つひとつの行事で，いつも最高のものを目指すように取り組ませることが大切です。

新入生歓迎会で帰属意識や誇りを高める

　入学式は厳粛な空気で行われる学校行事です。一方，在校生にとって，入学式よりも新入生とより身近にかかわることができる行事が新入生歓迎会です。生徒会が企画運営する行事で，中学校にどんな行事があるのかを映像で紹介したり，学校にまつわるクイズを出して興味をもってもらったりすることもできます。

　また，新入生の関心がひときわ高いのが部活動紹介です。もちろん，在校生にとっても張り切って活動する場です。体育館のステージで，自分たちの部活動がいかに楽しく充実したものであるかを練習の一場面を演じたりしながら紹介し，新入生を勧誘します。

　前年度の卒業式後から春休みにかけて生徒会が企画し，部長が中心になって部活動紹介の出し物を考えます。どの部活動も日々の練習以上に力が入るのは，自分たちの部活動に誇りをもっている証拠です。部活中に大きな声で校歌を歌っている部もあります。

　このように，新入生歓迎会は，在校生が学校や部活動に対する帰属意識や誇りを高めるよい機会にもなります。

3 教師が行う準備のポイント

入学式の準備計画

　入学式の会場設営,教室等環境整備に関する計画と役割分担を職員会議で提案し,全職員で対応できるようにします。学年での対応があれば学年主任を中心にして所属の職員と生徒に配分していきます。

　以下に,役割分担の例を示します。

	仕事内容	担当者
1	総括・企画・進行	教頭・教務
2	看板の準備,設置 （正門,北門,体育館玄関）	○○・○○
3	国旗（正門）	○○・○○
4	放送（入退場 BGM を含む）	○○・○○
5	新入生代表宣誓の指導	教務
6	生徒指導（外）	生徒指導主事・○○
7	教科書・名札等配付	各学年（校務主任案による）
8	歌の指導	○○
9	記録写真	○○・○○
10	保護者受付（8：40〜）	○○・○○　※新3年女子
11	接待,花	校務・○○
12	新・転入生受け入れ	校務・教務・各学年主任
13	体育館会場準備・片付け(国旗・校旗)	3年主任・3年担当　※新3年
14	環境整備（清掃,飾り付けなど）	校務主任案による　※新2年
15	式次第（校内案内図・校歌）	1年主任・プリント
16	駐輪場係（8：30〜9：00）	○○・○○
17	祝電（体育館1階）	○○・校務・教頭

○○は担当者

入学式後の保護者へのあいさつと担当者からのお願い

　入学式が終わったら，保護者に向けて，学年主任からのあいさつと，学校からのお願いごとについて担当者（養護教諭・栄養教諭・事務担当）から話をします。

　　・学年主任は，こんな学年にしたい，こんな生徒に育てたいという思いを語り，各家庭の理解と協力をお願いします。
　　・健康面については，養護教諭から，検診にかかわる調査票についての確認，体調不良時の迎えのお願い，欠席連絡の方法の確認などを行います。
　　・食物アレルギーについても，重要な事案です。給食の配膳について配慮が必要な生徒がいれば対応の仕方を保護者と確認しなければなりません。栄養教諭がその重要性について，この機会に説明します。
　　・事務担当から集金の内容や諸手続きについて説明をします。担当者が直接話をすることで，顔を覚えていただくことができます。親しみをもって相談でき，事務手続き等がスムーズに進むことが期待できます。

誓いの言葉代表者との打ち合わせ

　入学式の主役は，新入生です。その代表が，中学校生活に期待することや中学生になった決意を語ります。その初々しい語り声がその場の雰囲気を引き締めます。

　小学校から推薦を受けて代表者を決め，春休み中に打ち合わせをします。また，入学式の会場設営が完了したら，リハーサルを行います。

状況に合わせる

　最近は，両親そろって入学式に参加される家庭も多くなりました。ですから，会場設営の際は，保護者用の座席数に余裕をもたせることも考慮しておいた方がよいでしょう。

　また，ビデオやカメラの機材を持ち込んで撮影される家庭も増えました。撮影のスペースを指定するかどうか，三脚などの機材の持ち込みをＯＫとするかどうかなど，事前に対応を決めておいた方がよいでしょう。

　携帯電話の電源を切ることはマナーとして定着しつつありますが，式の進行に支障が出ないよう，念押しのお願いはした方がよいでしょう。

　式が終了し，下校時間になると，校舎や入学式の看板を背景にして記念撮影をする光景が見られます。微笑ましい様子はそっと見守りましょう。

名簿確認を確実に

　名簿は小学校から送られてきたものを使用して作成します。文字が違っていたり，入学時に変更されていたりする場合があります。慎重に確認しておきましょう。もし間違いがあった場合は，速やかに訂正しておかないといろいろなところで支障を来します。また，入学式当日の欠席は，家庭連絡を速やかに行い，本校に確実に入学するのかを確認しなければなりません。学籍の問題として，重要なことです。

第6章 みんなが1つにまとまる！学級づくりのゲーム＆アクティビティ

1　先生とじゃんけんしよう！ ……………………………………………92
2　神（紙）に見放されないように！ ……………………………………94
3　タワーコンテストをしよう！ …………………………………………96
4　みんなでコピー機になろう！ …………………………………………98
5　みんなのことをたくさん知ろう！ ……………………………………100
6　ジェスチャー伝言ゲームをしよう！ …………………………………102
7　グループで絵をかこう！ ………………………………………………104
8　家族の食事風景について考えよう！ …………………………………106
9　みんなでバニーになろう！ ……………………………………………108
10　学級目標の柱決めをしよう！ …………………………………………110

Chapter 6

●学級開き当日にできる短い活動

1 先生とじゃんけんしよう！

【対　　象】1年生
【所要時間】10分

ねらい

　教師の指示に従いながら，シンプルな活動を楽しむことによって，教師と生徒，生徒同士のコミュニケーションを活性化する。

準備物

　なし

活動の概要

❶活動の目的を伝える

「先生の指示をよく聞いて，素直に活動する」
「中学生になった喜びを元気よく表現する」
の2点を伝えます。

❷活動の内容を伝える

　「今から，先生とじゃんけんをします。じゃんけんを進めるうちに，いくつかのルールが出てきます。先生の話をよく聞いて，指示を守って，楽しくジャンケンしましょう！」
　以上のように伝え，コの字型の座席にします。

❸留意点を伝える

「じゃんけんポンのリズムに合わせてやること」
「元気よく,全力で声を出してやること」
の2点を伝えます。

❹活動の手順
①じゃんけん1
「最初はグー,じゃんけんポン」(生徒と教師一斉に)
教師とジャンケンして,あいこと負けた人は座る。チャンピオンが決まるまで繰り返す。決まったら,全員で拍手する。
②後出しじゃんけん1
「じゃんけんポン(教師のみ)」「ポン(生徒のみ)」
生徒は教師に勝つように出す。
③後出しじゃんけん2
②と同様に行う。今度は,生徒は教師に負けるように出す。
④後出しじゃんけん3
②と同様に行う。ただし,左手は教師とあいこ,右手はそれに勝つように,左右同時に出す。

●学級開き当日にできる短い活動

##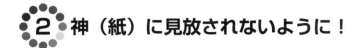

【対　　象】２年生
【所要時間】20分

ねらい

　自己紹介と絡めて協力しながら取り組む活動を通して，学級内のコミュニケーションの円滑化を図る。

準備物

　Ａ３用紙（グループ数分）

活動の概要

❶活動の目的を伝える

「協力することで達成できる楽しさを体験する」
「友だちの話をよく聞いたり，自分の話をわかりやすく伝えたりすることで，お互いのことをよく知るきっかけにする」
の２点を伝えます。

❷活動の内容を伝える

「これから１枚の紙をグループ全員の人差し指だけを使って，５秒間上げてもらいます」
　以上のように伝え，生活班（５〜６人）の形に移動させます。

❸留意点を伝える

「必ず全員の人差し指が,紙に触れていること」
の1点を伝えます。

❹活動の手順

①相談はせず,黙って1回目の活動をする。
②自己紹介する。
　　(1.名前　2.今の気持ち　3.実は私は…(例　好きな食べ物と理由))
　　※自己紹介内容を伝え,考える時間を与える。
③作戦タイム
④2回目の活動
⑤インタビュー

　最後のインタビューでは,成功した秘訣や感想を生徒に聞きます。「〇〇さんがいいアイデアを出してくれた」「黙ってやるのは以外にキツい。話し合いが大事であることに気づいた」といった感想を分かち合うと,クラスの雰囲気も和み,温かい気持ちになります。

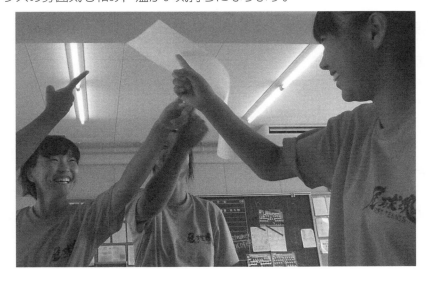

●学級開き当日にできる短い活動

3 タワーコンテストをしよう！

【対　　象】3年生
【所要時間】20分

ねらい

　グループで新聞を用いてタワーをつくる活動を通して，仲間と協力することの大切さを実感させる。

準備物

　新聞紙（半面8枚×グループ数）

活動の概要

❶活動の目的を伝える

「仲間と協力してタワーをつくる」
「『自分から話そう』という前向きな気持ちを大切にする」
の2点を伝えます。

❷活動の内容を伝える

　「今から各グループで新聞タワーをつくります。材料は新聞紙8枚です。一番高さのあるタワーをつくった班が優勝です。時間は作戦タイムも含め15分です」
　以上のように伝え，小グループ（基本は4人）の形に移動させます。

❸留意点を伝える

「新聞紙を破ってはいけない」
「手などの支えがなくても立つことのできるタワーをつくる」
の2点を伝えます。

❹活動の様子

　机の上で作戦を考えるグループ，床に座り相談しながら新聞紙で土台をつくり始めるグループなど，スタートの仕方は様々です。活動に夢中になると時間を意識することを忘れてしまうグループがあるので，「残り10分」「残り5分」…と教師が残り時間をコールするとよいでしょう。

　完成した作品の高さを比較するときには，全員静かに床に座り，自分たちの目で一番高いタワーをつくったグループを決めさせます。「一番は？」と尋ねると，「○班」と元気な返事と同時に拍手が起きます。高さの似たタワーが完成し，勝敗の判断に迷う場合は，担任がメジャーで測ります。

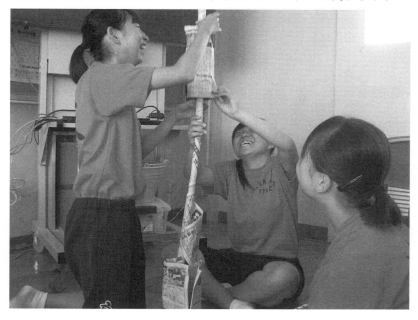

●仲間づくりや団結のための活動

4 みんなでコピー機になろう！

【対　　象】１年生
【所要時間】50分

ねらい

グループで協力しながら課題を達成させることで，仲間意識を高める。

準備物

・Ｂ４サイズの元絵（３枚を教室の外に貼っておく）
・八つ切り画用紙（グループ数）
・鉛筆（各自１本）

活動の概要

❶活動の目的を伝える

「課題を達成するために，一人ひとりがどのように行動したらよいかを考える」
の１点を伝えます。

❷活動の内容を伝える

「今日はみんながコピー機になりきるゲームです。教室の外に絵が貼ってあります。その絵を見てきて，画用紙にそっくり同じようにかいてください」
以上のように伝え，グループごとに机を囲んで座らせます。

❸留意点を伝える

「何度見に行ってもよい」
「1回に見に行く人は，班で1人」
「見に行くときは，何かを持って行ってはいけない」
の3点を伝えます。

❹活動の手順
　①活動の目的を聞き，グループ（5～6人）になる。課題と注意点の説明
　　を聞いた後に，画用紙を取りに行く。　　　　　　　　　　　　（5分）
　②終了時間を確認して，活動に入る（5分前にコール）。　　　　（20分）
　③終了の合図後，元絵を確認する（下図は元絵の例）。　　　　　（5分）
　④振り返り用紙を記入後，グループで交流。　　　　　　　　　（15分）
　⑤各グループでよかったところや感想を発表する。　　　　　　（5分）

●仲間づくりや団結のための活動

5 みんなのことをたくさん知ろう！

【対　　象】１年生
【所要時間】30分

ねらい

　簡単な質問を出し合いながら自己紹介を行う活動を通して，たくさんの仲間と触れ合わせ，学級内の人間関係を向上させる。

準備物

　自己紹介用プリント（学級人数分）

活動の概要

❶活動の目的を伝える

　「仲間のことを知り，自分のことも伝える」
　「『自分から聴こう』という前向きな気持ちを大切にする」
の２点を伝えます。

❷活動の内容を伝える

　「今から，質問を出し合いながら自己紹介をします。時間は20分です。自己紹介の方法を見せるので，よく見て理解してください」（担任が生徒役になり，手順を実際に見せる。手順については次ページのプリント例参照）
　以上のように伝え，プリントと鉛筆を持たせて隊形（机あるいは椅子を使

い大きな円をつくり，その中で活動させる）をつくり，移動させます。

❸留意点を伝える

「出身小学校が違う子と優先的に行う」
「男女交互に行う」
の２点を伝えます。

❹活動の様子

　学級の人数が奇数の場合は，最初のみ担任も参加します。元気よく握手ができている生徒を紹介したり，自己紹介した人数を聞いたりすると活動が盛り上がります。また，活動が停滞している生徒がいる場合には，声かけを行うなど支援します。自己紹介終了後は感想を伝え合います。

　教師は，注意深く活動の様子を観察し，一人ひとりの生徒の特徴を把握することが大切です。

○組の仲間って？？

組　番　名前（　　　　　　　　　）

どんな答えがかえってくるかな？仲間の意外なことを知るチャンス！（違う出身小学校、男女交互）
① 「こんにちは　私の名前は○○です。」－「こんにちは　僕の名前は○○です。」
② 「○○くんの一番好きな色は？」　－「○○さんの一番好きな教科は？」
③ 「ありがとう。一年間よろしくお願いします。」－「こちらこそよろしくお願いします。」　（握手）

	質問	名前	名前	名前	名前
		答え	答え	答え	答え
①	一番好きな季節は？？				
②	一番好きなおにぎりの具は？？				

●仲間づくりや団結のための活動

6 ジェスチャー伝言ゲームをしよう！

【対　　象】２年生
【所要時間】30分

ねらい

　グループでジェスチャーによる伝言ゲームを楽しむことにより，心と体の緊張をほぐし，仲間意識を高めさせる。

準備物

・ペン（グループ数分）
・Ａ４サイズの白紙（グループ数分×問題数）

活動の概要

❶活動の目的を伝える
「言葉をジェスチャーで仲間に伝える」
「『相手にわかりやすく伝えよう』という思いを大切にする」
の２点を伝えます。

❷活動の内容を伝える
　「これからある言葉（お題）を，言葉を使わずジェスチャー（身振り，手振り）で仲間に伝えていきます。最後の人が正しく言葉を書くことができたグループが勝ちです」

以上のように伝え，グループごと1列（5～6人）になります。

❸留意点を伝える

「前の人のジェスチャーを正確に次の人に伝えること」
「はずかしがらずに全力でやること」
の2点を伝えます。

❹活動の手順

①先頭の人だけ前を向いた状態で，言葉（お題）を見る。考える時間は10秒間とする。
②2番目の人の肩をたたいて振り向いてもらい，15秒間ジェスチャーで言葉（お題）を伝える。
　※時間は「…14，15。はい次の人」のように，教師が全体に向けてコールする。
③最後尾の人は，ジェスチャーを見て，答えを紙に大きく書く。このとき他のグループに見えないようにする。
④一斉に答えを発表し，答え合わせをする。

●仲間づくりや団結のための活動

7 グループで絵をかこう！

【対　　象】２年生
【所要時間】40分

ねらい

　協力して作業する楽しさを体験させることで，グループ内のコミュニケーションを活性化させる。

準備物

・模造紙，ペンセット（グループ数分）
・メモ用紙，振り返り用紙（人数分）

活動の概要

❶活動の目的を伝える
「一人ひとりが互いのことをもっとよく知り合うきっかけにする」
「『みんなで楽しもう』という前向きな気持ちを大切にする」
の２点を伝えます。

❷活動の内容を伝える
　グループで１枚の絵をかくことを伝えて，すぐに活動に入ります。

❸留意点を伝える

絵に自信がない生徒がいれば，教師の指示で線や円をかくことを伝え，不安を取り除く。

❹活動の手順

① グループ（5～6名）で1枚の絵をかくこと，絵の完成後に題名をつけることを伝え，模造紙とペンセットを取りに来させる。　　　（5分）
② 一人ひとり順番に簡単な形や線をペン（色は自由）を使ってかくことを伝え，かく順番を決めさせた後，教師の指示でかく。1番／直線→2番／三角形→3番／円→4番／短い直線→5番／正方形→6番／波線　（5分）
③ 個人で題名を考えた後，グループで話し合って題名を決定する。（10分）
④ 絵の題名とその理由を発表する。　　　　　　　　　　　　　（10分）
⑤ 振り返り用紙に個人で記入後，グループで交流する。　　　　（10分）

【参考文献】

・星野欣生・津村俊充『Creative School 生き生きとしたクラスをつくるために』（プレスタイム）

●仲間づくりや団結のための活動

8 家族の食事風景について考えよう！

【対　　象】3年生
【所要時間】50分

ねらい

　自分と友だちの考えを十分に交流し，お互いに認め合いながら合意形成を図ることを体験させる。

準備物

・課題シート（人数分）
・振り返り用紙（人数分）

活動の概要

❶活動の目的を伝える
「友だちの話をよく聞き，自分の意見をわかりやすく伝える」
「『自分が家庭での食事において何を大切にしているか』について考える」
の2点を伝えます。

❷活動の内容を伝える
「今日はみんなが家庭で食事をするときに，大切にしたいことについて考えてもらいます」
以上のように伝え，課題シートを配付後，個人決定をさせます。

❸留意点（コンセンサスの心得）を伝える

①納得できるまで話し合う。簡単に自分の意見を変えない。変えるときは，自分にも班員にも変える理由をはっきりさせる。

②多数決はしない。少数の人の考え方にも耳を傾けることは，考え方の幅を広げることになるので，尊重することが大切である。

③ただし，自分の意見にいつまでもこだわっていると結論が出ない。自分の言いたいことを十分に伝え，相手の言いたいことも十分に聴く。

❹活動の手順

①活動の目的と課題（下図参照）を聞き，個人決定する。（５分）

②グループ決定のコンセンサスをする。（20分）

③グループ決定の発表をする。（７分）

④振り返り用紙を個人で記入後，グループで交流する。（15分）

⑤各グループでよかったところや感想を発表する。（３分）

「家族の食事風景」

― 課題シート ―

1.　以下に、家庭で食事をするときに大切だと思われる事柄を、5つ挙げました。この5つの事柄のうち、あなたが最も大切だと思う事柄を1とし、順に2、3・・・と（同じ順位はつけない）順位をつけてください。

また、理由の欄には、その順位をつけた理由を簡単に書いてください。

個人の順位	大切にしたいこと	理　由
＿＿＿	A　家族で会話をしながら楽しく食事をする。	・
＿＿＿	B　行儀よく食事をする。	・
＿＿＿	C　家族がそろって一緒に食事をする。	・
＿＿＿	D　好き嫌いせずに残さず食べる。	・
＿＿＿	E　一日の栄養のバランスを考えて食事をする。	・

2．グループ討議表

名前／事柄	自分						グループの決定
A　会話をしながら楽しく食事をする							
B　行儀よく食事をする							
C　家族がそろって一緒に食事をする							
D　好き嫌いをせずに残さず食事をする							
E　一日の栄養のバランスを考えて食事をする							

「家族の食事風景」　ふりかえり用紙

（　　）年（　　）組（　　）番　氏名（　　　　　　　　）

1.　あなたは、どれくらい自分の伝えたいことが言えましたか？

まったく言えなかった 1　2　3　4　5 十分言えた　・理由

2.　あなたは、どれくらいグループの人の言うことを聴くことができましたか？

まったく聴けなかった 1　2　3　4　5 十分聴けた　・理由

3.　少数意見を無視せずに、考えの幅を広げるという考え方を大切にしましたか？

大切にしなかった 1　2　3　4　5 大切にした　・理由

4.　グループでどれくらいコンセンサスができましたか？

できなかった 1　2　3　4　5　できた　・どんなことから

5.　誰の（自分も含め）、どのような言葉や行動がグループの意志決定の助けになりましたか？

だれが		どんなこと
	が	
	が	
	が	
	が	
	が	
自　分	が	

6.　自分が家庭で食事をするときに、これからどんなことを大切にしたいと思いましたか？

＿＿＿＿＿＿＿＿＿＿＿＿＿＿＿＿

＿＿＿＿＿＿＿＿＿＿＿＿＿＿＿＿

＿＿＿＿＿＿＿＿＿＿＿＿＿＿＿＿

●仲間づくりや団結のための活動

9 みんなでバニーになろう！

【対　　象】3年生
【所要時間】30分

ねらい

　参加者全員でゲームを楽しむことで，心と体の緊張をほぐし，仲間意識を高めさせる。

準備物

　特になし

活動の概要

❶活動の目的を伝える
　「自分から楽しんでゲームに参加する」
の1点を伝えます。

❷活動の内容を伝える
　①集団で円をつくる。
　②リーダー（教員）が，最初のバニー役（3人1組）を決める。バニー役は3人で「バニバニバニ…」と言いながら写真左のポーズをとる（中央…両手を口の前で細かく動かし，合図を送るときは両腕を伸ばす。左右の2人（うさぎの耳役）…右手と左手を高く上げて細かく動かす）。

③バニー役中央の人がしばらく「バニバニバニ…」と言った後，最後に「バニー！」と大きな声で両腕を伸ばし，だれか1人に向かって，目を合わせて合図を送る（写真右）。
④合図を送られた人は，次のバニー役中央になり，その左右の2人と3人1組でバニー役をやります。
⑤リーダーが終了の合図をするまで，同じことを繰り返していきます。

❸留意点を伝える

「リーダーに『アウト』と言われた人（遅い人，間違えた人）はその場に座る」
の1点を伝えます。

❹活動の様子

ゲームに入る前に，3人1組でバニー役の練習を行います。本番では，勢いのある3人を最初のバニー役に指名すると楽しい雰囲気でスタートさせることができます。時間に余裕があれば2回ゲームをします。1回目は学級を2つに分けて20人ぐらいで行い，2回目は学級全員で行うと盛り上がります。

●仲間づくりや団結のための活動

10 学級目標の柱決めをしよう！

【対　　象】全学年
【所要時間】50分

ねらい

　学級で大切にしたいと思っていることを互いに聴き合いながら，学級目標の柱を見いださせる。

準備物

　短冊（学級人数分。事前に配付し，大切にしたいことを記入させておく）

活動の概要

❶活動の目的を伝える

「仲間に自分の思いを伝え，仲間の思いも聴く」
の1点を伝えます。

❷活動の内容を伝える

　「今から，学級目標の柱になる，学級で大切にしたいことを全員に発表してもらいます。隊形は，いすを用いて黒板を中心にした半円をつくります。座る順番は男女交互です。発表の順番は，発表したい順です。指名されたら短冊を持って黒板の前に来て，発表します。黒板に棒マグネットが貼ってあるので，発表後は，思いが似ている短冊が貼ってある棒マグネットの下に自

分の短冊を貼ってください（写真参照）。次の人を指名後，自分の席に戻ります。全員発表後，同じグループに貼ってある短冊の中から，柱となる言葉を決めていきます」

　以上のことを説明後，短冊を持たせ隊形移動させます。

❸留意点を伝える
　「発表のときにはゆっくり大きな声で，聴くときにはしっかりと」
の１点を伝えます。

❹活動の様子
　模範的な発表が期待できる生徒を最初に指名すると，その後がスムーズになります。発表をすることが苦手な生徒がいる場合には，教員の補助も必要です。全員の発表後に，本時のプラス面を伝えた後，多数決で柱決めをします。時間に余裕がある場合には，話し合いで決めるのもよいでしょう。下の写真では話し合いを行い，右は「サンシャインスマイル」，「中央は団結」，左は「やる気スイッチ」になりました。次時には，柱に合った学級目標の案を発表し合います。丁寧な話し合いをした分だけ，学級目標を大切にしたい気持ちも高まります。

第7章
生徒が進んで動き出す！
学級の組織づくりのアイデア

1 学級目標づくりのアイデア …………………………………………114
2 学級運営委員会のアイデア …………………………………………116
3 座席決めのアイデア ……………………………………………………118
4 学級役員・委員会決めのアイデア …………………………………120
5 給食当番のアイデア ……………………………………………………122
6 清掃当番のアイデア ……………………………………………………124
7 係活動のアイデア❶ ……………………………………………………126
8 係活動のアイデア❷ ……………………………………………………128
9 朝の会・帰りの会のアイデア ………………………………………130
10 学年生徒会のアイデア …………………………………………………132

Chapter 7

1 学級目標づくりのアイデア

目標の柱を決める

　まず，生徒とともに学級目標の柱を考えます。「これは大切にしたい」という，生徒一人ひとりがもっている思いを大切にしたいものです。そこで，生徒に，「この１年で，これは大切にして生活したい，これは外せない，という学級の柱を考えよう」と投げかけます。

　柱は短い言葉でわかりやすく表現します。また，柱が多過ぎると学級目標がぶれてしまうので，３つくらいに精選します。

　たくさんの意見が出た場合，一人ひとりの思いを尊重しながら，学級全体で話し合って決めます。ここでポイントになるのが，全員が納得しているか生徒の表情をよく見て確認することです。

覚えやすく，インパクトのある目標にする

　精選した柱を基に，学級目標を決めていきます。学級目標のポイントは，「覚えやすさ」「インパクトの強さ」です。「自分たちの学級目標は○○だ」と学級全員がすぐに口にできるようなものを目指します。

　この学級目標を下の写真のような掲示物にして，教室の見やすい場所に貼り出します。このように，学級目標を「見える化」しておくことで，学級が困難にぶつかったとき，生徒自身がそれを見たり，生徒同士で声をかけて励まし合ったりすることができます。また教師も，掲示された学級目標の言葉を用いたりしながら，生徒に学校生活を振り返らせることができます。

② 学級運営委員会のアイデア

学級委員長以外の役員に明確な役割を与える

　学校ごとに呼び名が違いますが，多くの場合は３種類６名の役員を学級で選出し，その６名で学級運営委員会を組織すると思います。学級委員長（室長など）には学級の先頭に立って動く場面が多数ありますが，その他の役職の生徒は，自覚をもって日々の生活を送ることがなかなか難しいという現実があります。逆にいうと，学級委員長以外の役員に明確な役割を与えることが，運営委員会を活発にし，学級を自治的に運営させるポイントになります。当然，学級会では学級委員長とともに進行を務めますが，学級会は頻繁に行うわけではありません。担任として，学級委員長のワンマン学級にならないように，他の役員に意識を向けましょう。

自覚をもって学級を観察させる

　例えば，学級委員長以外の役員に，日替わりで朝の会・帰りの会で毎日発言させてみてはどうでしょうか。朝の会で，その日の学級目標を提示させます。学級の様子をよく観察させ，帰りの会で評価を述べさせます。学級運営委員会でその日の反省会を行い，翌日の目標を定めさせます。具体的な目標と成果があることで，毎日学級を観察させ，自覚をもたせることができるでしょう。また，学級委員長以外の役員に行わせることにより，学級の他の生徒たちにも，運営委員会の存在を意識させることができるでしょう。

　同様に，週ごと，月ごとにも学級運営委員会で学級の成果と課題を話し合わせ，学級に伝えさせるようにするとよいでしょう。そして，そのすべてを1冊のノートに記録させていきます。学級としての成長がわかり，課題がはっきりとみえてくるようになります。より一層，運営委員会が活発になるでしょう。

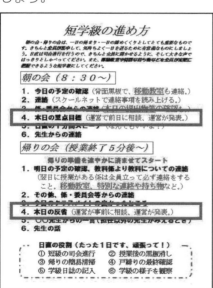

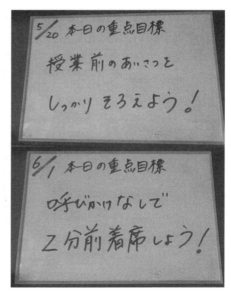

3 座席決めのアイデア

一人ひとりの現状を把握する

　まず、座席決定に必要な生徒のデータを集めます。アンケート形式にすることにより、「授業に集中したいから前にしてほしい」「あの子と一緒ならがんばれる」といった生徒の素直な思いを把握することができます。

　すべて要望通りになるわけではないことを、あらかじめ断っておく必要がありますが、近くにいてほしい人や、座席について担任に直接伝えておきたいことの有無を聞くと、生徒同士の無用な摩擦を避けることにつながり、人間関係の現状を知る貴重な機会にもなります。担任は一人ひとりの気持ちにできるだけ寄り添いたいと思っていることも伝わるでしょう。

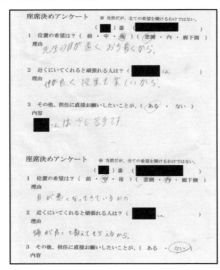

グループ活動を考慮して座席を決める

　生徒の状況を把握したら，いよいよ座席の配置です。ここでポイントとなるのが，グループ活動を考慮した配置です。

　各班に「生活」「学習」「ムード」の各リーダーをバランスよく配置できることが理想です。しかし，なかなかすべての班にというわけにはいきません。そこで，「リーダーとして育てたい生徒」というつもりで配置していくことも重要です。学習のレベルも考慮しましょう。

　次に，班内での配置を考えます。4人グループで，活動に積極的な生徒を隣同士や対面に配置してしまうと，活動に消極的な生徒が会話のラインから外れ，より活動に参加しにくくなってしまいます。そこで，会話のラインが対角線上にできるよう座席を配置します。また，中学生の場合，男女での会話のしやすさも影響してくるので，男女を市松模様に配置すると効果的です。

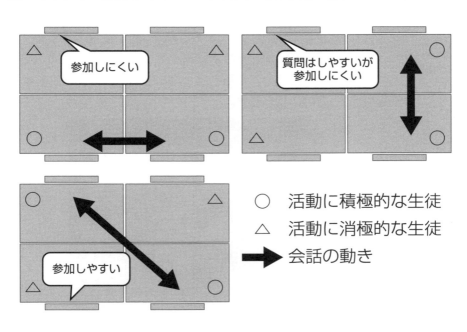

❹ 学級役員・委員会決めのアイデア

学級役員は立候補で決める

　新年度当初，生徒はお互いのことをまだよく知りません。そんな中ですぐに決めなければならないのが学級役員です。しかし，その決め方は何といっても立候補に限ります。

　推薦で学級役員を決めた場合，「あのとき，みんなに決められたから…」「先生にやれと言われたから。やりたくなかったのに…」といった言い訳が途中で出てくることがあります。一番大切なのは「自分がやろう」という意欲です。仮にそれが去年までいいかげんだった生徒であっても，進級したことで自分を変えようと努力するかもしれません。そんな生徒のやる気を認めていくのが教師の役割です。自分でやると言ったからには最後まで責任をもってやりきらせるのも教師の務めです。

思いを語らせ，やる気を認める

　新年度当初は，程度の差こそあれ，どの生徒も「がんばろう」という意欲が高い状態にあります。一方で，「自分にできるかなあ。自分にはふさわしくないかも」といった不安な気持ちを抱えていることも多いものです。

　そこで，教師は「やる気があって，責任もってがんばるという人なら，だれでも大歓迎だよ。大切なのは，やろうという気持ちだ」と語り，子どもたちの気持ちの後押しをするとよいでしょう。

　そして，立候補した生徒には，自分の思いを語らせることが重要です。「どんな活動をしていくのか」「どんな学級にしたいのか」「どんな委員会にしたいのか」それぞれの生徒がもっている思いを具体的に語らせ，それを学級全員で真剣に聞き，認めていくことが大切です。

　人数に限りがあるわけですから，立候補の人数が多い場合は多数決で決めざるを得ませんが，その際は必ず全員伏せさせて教師が人数を数えます。最後は，当選した子にも落選した子にも，立候補してくれたことに「ありがとう」と温かい声をかけ，そのやる気を認めることが非常に大切です。

5 給食当番のアイデア

マナーやルールを押さえる

　給食は，学校生活の中でも生徒が楽しみにしている時間です。中学校の学級担任は，1日中自分の学級の生徒とかかわるわけではないので，この時間を大切にしたいものです。

　楽しい給食の時間を生みだすためには，「給食とはどんな時間で，どんな取り組みをしていく必要があるのか」を明確にしておくことです。特に1年では，「時間を守ることの重要性」「着席のルール」「給食の配膳・おかわりのルール」などを確実に押さえ，最初の1週間は教師が指示をしながら，慣れてきたら生徒たちにまかせていくとよいでしょう。

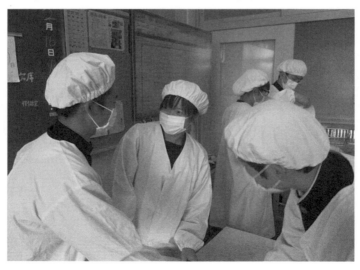

協力することのよさを拍手で表現させる

　給食に限ったことではありませんが，当番活動はマンネリ化しがちです。そこで，意欲を維持するためのちょっとした工夫として，給食準備の時間内に「いただきます」ができたら，学級全員で拍手をすることにしてみてはどうでしょうか。

　教師は時間を守らせたい。テキパキ行動させたい。そんな思いが当然あることでしょう。しかし，教師から指導されるだけでは，やる気はわいてきません。そこで，時間内にきちんと残らず配膳することができたときだけ，拍手をしてがんばりを称えるのです。些細なことですが，これが楽しくて，行動が素早くなり，まわりの級友も配膳の手伝いをしたり，当番の子のランチョンマットを敷いてくれたり，と協力するようになります。このように，生徒にやる気をもたせるだけでなく，学級みんなで協力することのよさも味わうこともできます。

6 清掃当番のアイデア

必要な人数を具体的に割り出す

　まず，学級の分担箇所に必要な人数を考えます。清掃は時間内に終わらせることと時間いっぱいやり続けることが理想ですが，人員配置がうまくいかないと，不平等が生じたり暇な時間ができたりします。生活班で清掃箇所をスライドさせていくよりも，清掃班を決めて行う方がうまくいきます。

　具体的に必要な人数を考えましょう。例えば，「教室は10人くらいかな」ではなく，「教室は，ほうき2人，床拭き5人，ロッカーや棚の水拭き2人，窓拭き1人で10人だな」という決め方にしましょう。範囲の狭い廊下であれば，「ほうきと窓拭き1人，床拭き2人で3人」など，分担量に差が出ないように1人2役にしてみるのもよいでしょう。

2－5清掃分担表（○はリーダー）

場所	分担				
教室	ほうき	○●●	●●	●●	
	水ぶき	●●	●●	●●	●●
	その他	●●	●●	○●●	
廊下		●●	○●●		
第1理科室		●●	●●	●●	
		●●	○●●	●●	
		●●	●●	●●	
北館2F 西トイレ	男子トイレ	○●●	●●		
	女子トイレ	●●		○●●	
外		○●●	●●	●●	
		●●	●●	●●	

役割分担（日替わり！平等に！）

教室（ほうき・水拭き）	教室（その他）	教室（廊下）	第2理科室	北館2F西トイレ	外
ほうき2 床拭き5	机拭き1 黒板1 窓1 ロッカーなど1	ほうき→窓1 床拭き2	ほうき2（椅子下げ） 床拭き5（椅子上げ） 窓側の流し2 机械の流し3 黒板→窓1	フロア・便器2 手洗い場1	外7

清掃班長を設ける

　人数配分が決まったら，いよいよ担当者の決定です。生徒同士の人間関係はもちろん，特別教室や外清掃などは担当教員との相性なども考えるとよりよい活動となるでしょう。トイレ清掃などの敬遠されがちな箇所は仲のよい生徒を組ませてがんばらせる，配慮の必要な生徒は教室を分担させて担任の目の届くところにいさせる，などの意図も効果的です。すべての生徒が清掃時間を憂鬱な時間と感じないように決めましょう。

　また，1つのアイデアとして，「清掃班長」を設けてみるのもよいでしょう。班長を中心として，毎日の清掃終了時に分担箇所ごとに反省会を行わせます。班長には，その司会進行と担任への報告をさせます。学級役員ではない生徒に経験をさせるよい機会となります。生徒名と項目の書かれた反省カードをつくって行うと，より効果的です。

　清掃当番の変更は，1～1.5月程度がよいでしょう。同じ箇所をしっかりやらせ，責任感を育てます。

7 係活動のアイデア❶

なぜ係活動が必要なのかを考えさせる

　まず，なぜ係活動が必要なのかを考えさせます。「やらされている」という意識をもたせないためです。「だれかの役に立っている」という実感が自己有用感につながります。「もし，係の活動がなかったら，みんなの毎日の学校生活はどんなものになるだろう？」と問いかけ，小集団で意見交換をさせます。そうすると，１人ですべてのことをやるのは時間的にも物理的にも不可能だとわかり，互いに助け合う係活動の必要性に気づきます。そして，学級の実態に応じて，必要な係を考え，仕事の分担をさせます。

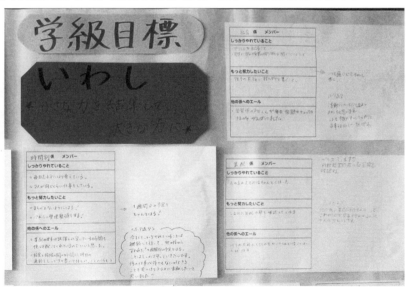

よいところを見つけ合わせる

　新しい学級での生活が始まり，係活動も軌道に乗ってきたころ，これまでの係活動を振り返る学級会を開きます。

　自分たちの係活動でよくやれていること，もう少ししっかりやらなくてはいけないことを，係ごとで振り返らせます。プリントに書き出したものを学級全体の前で発表させます。しかし，それだけではありません。他の係の活動も評価します。「○○係の△△の活動は学級の役に立っている」というような視点で自分たち以外の係について評価し合うのです。このとき大切なことは，ダメな点ばかりをあげるのではなく，よいところを見つけ合うという意識をもたせることです。ほめられ認められれば，いっそうやる気もわいてくるものです。

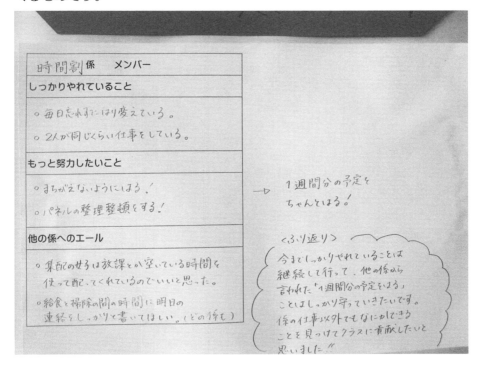

8 係活動のアイデア❷

毎日動ける係を考える

　生徒とともに，学級に必要な係を考えます。「学級のために自分が動くんだ！」という実感があると，活動に責任感が伴います。

　毎日活動があるものを学級の人数分だけ考えます。小さなことでも構いません。毎日１回は学級のために動いたと思えるとよいでしょう。毎日必ず動く係ならば，生徒が忘れることも少なくなります。

　その際，係によって負担の差ができないようにしましょう。どの係になっても「がんばろう！」と思えることが大切です。

　例えば，教科の中には，授業が週に１回の教科もあります。それらの教科については，他の係と組み合わせたものにしてもよいでしょう。

○年○組　係活動一覧表

係名			係員	(補佐員)
教科	国語			
	社会			
	数学			
	理科			
	英語			
	体育	男子		
		女子		
	美術・給食配膳			
	音楽・集配補助			
	技術・集配補助			
	家庭・給食配膳			
給食配膳	机拭き			
	ゴミ袋・配膳台準備			
	ワゴン整頓			
	先生給食準備			
BOX確認		朝・昼		
		昼・帰り		
課題確認		男子		
		女子		
		ファイル		
集配				
総務・掲示	PC・電灯管理・机整頓			
	背面黒板管理			
	担任秘書	学活・道徳		
		担任給食		

「1人1係」と「補佐員」を決める

　係活動の内容が決まったら，いよいよ担当者の決定です。

　ここでポイントの1つとなるのが，「1人1係」です。「学級内にはその係が自分1人しかいない」という状況にします。そうすると，毎日の学校生活の中で「自分が動かなければ学級が困る」ということを実感します。また，他の生徒も「○○係は□□君」ということを記憶しやすくなります。すると，学級への所属意識の高まりも期待できます。

　また，欠席したときの対策として，「補佐員」を決めておきます。係の生徒が欠席してしまった場合に代わりに動くだけでなく，例えば，給食係が給食当番と重なった場合などにも補佐員が動きます。このシステムにより，「だれかが休んだときには責任をもってサポートする（自分が休んだときはしてもらう）」という意識が高まり，支え合って生活する学級に育っていくことが期待できます。

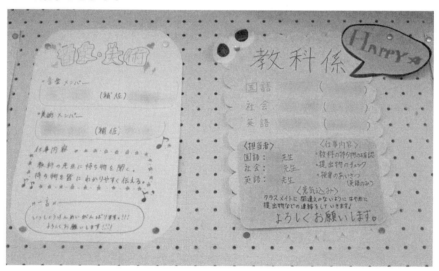

9 朝の会・帰りの会のアイデア

1分間スピーチで1日のスタートを楽しくする

　明るく楽しい雰囲気で1日のスタートを切りたいものです。そこでおすすめなのが，朝の会での1分間スピーチです。スピーチを行うのは日直と決めておけば，前日に翌日のスピーチの準備をすることができます。スピーチのお題は担任が決めておけばよいでしょう。場が和むようなお題にすると，学級の雰囲気が楽しく，明るくなります。生徒に事前指導する際に，「聞く人が楽しく聞けるような話を考えてこよう」などと伝えておくと，1分間話すための準備を真剣にやってきます。また，人前で1分間話すということは，普段の学校生活ではなかなかありません。生徒を鍛える意味でも効果抜群です。

「今日のMVP」で仲間のよさを見つけさせる

　1日のしめくくりである帰りの会では,「今日のMVP」を日直に発表させるのはどうでしょう。今日のMVPとは,今日1日特にがんばっていた人,親切にしてくれた人,学級を楽しませてくれた人などを,その理由とともに紹介するものです。例えば「今日〇〇君が,体育の授業のダンス発表会で,オリジナルな独特の動きでみんなを楽しませてくれました」「今日〇〇さんが黒板消しを手伝ってくれました」などといった感じで,級友のがんばり,よさを発表させるのです。

　これを行うことで,自分では気づかなかった級友のがんばりをたくさん知ることができます。だれがどんながんばりを見せているのか,だれが周囲に親切にしているのか。そんなことを気にしながら1日を過ごすことで,お互いを認め合う習慣が身につくはずです。

10 学年生徒会のアイデア

1 年間の学年行事で実行委員会を組織する

　学年行事の実行委員会＝学年生徒会と考えがちですが，実行委員会をリーダーだけの仕事に限定する必要はありません。むしろ一般生徒で実行委員会を組織し，そこに1～2名の学年生徒会員を実行委員会のリーダーとして所属させることで，一般生徒の参加意識も高まりますし，リーダーを育てる活動にもなります。

各実行委員会　求人票

実行委員会	ほしい人材
1学期学年レク	昨年度は学級委員が行ってきた学年レクの企画・進行をしていきます。3年生最初の学年レクです。学年全員が楽しめるレクを創り上げていきましょう。そして，レクの中で2年生よりパワーアップした姿と，1学期に成長した姿を見たいですね。レクが好きで，学年全体の様子をよく見れる人にきてほしいです。
卒業文集・アルバム	自分で絵を描いても，だれかに依頼してもよいですが，学級や学年のページを作り上げます。基本的には責任をもって自分の担当のページを作ってもらう予定です。できるだけみんなが同じ数ずつ載るように思い出の写真をじっくり見て数を数える仕事もあります。絵や字が丁寧にかけたり，工夫して良いものを作ろうとする気持ちがある人にがんばってほしいです。
2学期学年レク	1学期同様に，2学期の学年レクを企画・進行していきます。2学期には体育祭・文化祭があります。2学期の終わりには，きっとこの学年はパワーアップしていると思います。学年の力が十分に発揮できるように，レクを創り上げましょう。レクが好きな人，学年全体の様子がよく見れる人にきてほしいです。
奉仕作業	今までお世話になった学校に感謝を表す活動をします。今までは，あまり掃除ができていないところを中心に各教室に行って掃除をしていました。今年度も継続してもよいですし，新しく考えてもよいです。企画や作業の分担を考えるのが実行委員です。学校全体のためになることを実行したい人にふさわしいと思います。
卒業を祝う会(感謝)	お世話になった先生方に感謝を表す活動をします。昨年どのクラスも誰かにはお礼の手紙を書いたと思いますが，あのイメージです。実行委員会で，どういう形で感謝を表すかという内容を考えたり，作業の分担を考えたりします。自分自身が手紙を飾ったり絵を描いたりするのが好きな人がふさわしいと思います。

1年生はまずは教師主導で学年生徒会に活動させる

　行事の実行委員会制のメリットは先に述べたとおりですが，いくつかの小学校から集まってきたばかりの1年生には，現実的に難しいでしょう。リーダー自身もリーダーとしての活動が身についていないことが多いものです。したがって，最初は教師主導で会の企画や運営の方法，リーダーとしての活動の仕方を身につけさせる時期が必要です。

　また，学年生徒会が成長してきても，その後の全ての行事を実行委員会制で進められるわけではありません。学年の主要な行事，特に宿泊行事などは，やはり各学級の代表である学年生徒会全員で実行委員会を組織するべきでしょう。

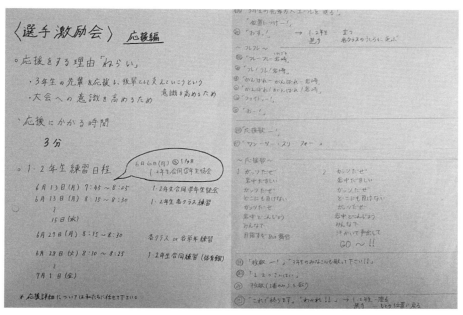

第8章

「今すぐ何とかしたい！」を素早く解決！
学級開きの悩み Q&A

1 連絡事項が多過ぎて困っています…………………………………136
2 新年度早々，忘れ物がすごいんです……………………………138
3 すでにボス的な存在の生徒がいます……………………………140
4 同じ小学校出身者ばかりで固まってしまいます………………142
5 「去年のクラスの方がよかった」と言われてしまいました……144
6 初日から出席できない生徒がいます……………………………146
7 外国人生徒とコミュニケーションがとれません…………………148
8 強い食物アレルギーの生徒がいます……………………………150
9 もう浮いてしまっている生徒がいます……………………………152
10 学級編成に保護者からクレームが入りました…………………154

Chapter 8

1 連絡事項が多過ぎて困っています…

Question

　学級開きの1日目がとても大切だと思いますが，生徒に連絡しなければならないことが多過ぎて困っています。教頭や生徒指導主事，給食主任からの指示，学年で連絡しておくことなど，自分でもパニックになるほどの量です。しかし，我が学級だけ連絡をしないわけにはいきません。後で生徒が困ることになります。もちろん，私も困ります。どうしたらよいでしょうか？

Answer

まずは生徒の様子をつかむ

　学級開始の1日目にものすごくたくさんの連絡をしなければならない状況は，とてもよくわかります。しかし，初日だからこそ忘れてはならないことがあります。それは，生徒の様子をつかむことです。「連絡事項はしっかり伝えたけど，生徒がどんな様子だったかはまったく覚えていない」ということでは本末転倒です。

「あの生徒はこちらをしっかり見て話を聞いているなぁ」
「表情でも理解の様子を返してくれるよい生徒だなぁ」
とよさをとらえながら，一方で，

「あの生徒は話を聞いているのだろうか」
「メモをしていないけど大丈夫だろうか」
など，生徒の様子をさりげなくつかむことを心がけましょう。そのうえで，次に示すことを試みて，短時間で連絡事項を伝えてみてください。

連絡事項一覧表をつくる

　中学生ですから，読めばわかることをクドクド話す必要はありません。文章を読み取る力があって当然ですし，さらにその力を高めることが大切です。

　そこで，学年で統一して，連絡事項一覧表を作成してみてはどうでしょうか。作成する中で，「これまで，こうしたことまでいちいち話していたんだ。随分むだな時間を費やしていたものだ」と気づくことでしょう。

　生徒には，**「一覧表に目を通しましょう。質問があれば，ぜひしてください。なければわざわざ説明をしません」**ときっぱり言い切るとよいでしょう。むしろこのようにした方が，「私たちを信頼してくれているんだ」と思うでしょう。質問があれば，大いにほめ，丁寧に説明することです。「あなたのおかげで，みんなもしっかりわかったと思います」などと付け加えておくとよいでしょう。

　一覧表には，下の例のようにチェック欄をつけておくとよいでしょう。

	連絡事項	チェック
1	緊急連絡事項で昨年と変更部分を赤字で記入して提出。4月7日まで。個人情報なので先生が集めます。	
2	健康診断表に自分の番号と名前を書いて，先生の机の箱に入れる。	
3	配付された教科書に落丁がないか確認し，なければすぐに名前を書く。家に持ち帰る。机の中にいれておかないこと。	

2 新年度早々,忘れ物がすごいんです…

Question

　いよいよ新年度になり,生徒との出会いを楽しみにして待っていました。ところが,学級開き初日から,忘れ物続出なのです。年度末に出された宿題を出せない生徒が多く,緊急連絡カードなど,そろわないと困る忘れ物も例年以上にあるように思います。一気に暗い気持ちになりました。このようなスタートでは,この1年が思いやられます。どうしたらよいでしょうか？

Answer

たかが忘れ物,と考える

　忘れ物続出という事実を前に,気持ちが萎えているのはよくわかります。この1年間,やっていけるだろうかと思ってしまう心境も理解できます。しかし,こう考えてみてはどうでしょう。
　「忘れ物が多いという実態がわかった。少しでも忘れ物が減ったら喜ぼう。考えてみたら,忘れ物ごときで不安になることはない」
　新年度スタート時は,何かと完璧を求めてしまいがちです。過去の学級の様子を思い出してみると,もっと心痛む状況はありませんでしたか。そう考えると,「たかが忘れ物」と,少し気持ちにゆとりができるはずです。

もちろん，忘れ物をするのはよいことではありません。注意する必要はありますが，中学生であれば，すでによくないことは自覚しています。

プラス思考で学級全体の意識を高める

「忘れ物防止は個人の問題で，集団で指導するものではない」という考えがありますが，学級全体で忘れ物をなくそうという意識を高めることは大切です。

ただし，マイナス思考で指導をしないことが大切です。つまり，「今日も忘れ物がこの学級ではありました。みなさん，忘れ物をしないように意識していないと思います。しっかりしてください」などと，よくない面を強調するような指導はしないということです。

まずは，教師がプラス思考で**「今日は忘れ物の数が減りました。これはとてもうれしいことです。わずかな数だと思う人がいるかもしれませんが，先生はそのようには考えません。今日のような日が続けば，いつかは忘れ物ゼロになります。一気にゼロになることだってあると思っています。学級全体でよし！　やった！　と喜びたいです」**などと投げかけ，生徒にもよい面を強く意識させることです。

さわやかに個別指導を行う

忘れ物をする生徒は限られています。したがって，上記のように全体指導を行いつつ，個別指導も必要になってきます。

その際に心がけたいのが，個別指導は「さわやかに」ということです。いけないことは本人もわかっています。「このことについて担任はどのように言うだろうか」と身構えている生徒もいるはずです。ですから，クドクドとした指導はせず，**「忘れ物が続かないようにしてくださいよ。もし出せない理由があったら言ってくださいよ」**程度で終えておきましょう。

3 すでにボス的な存在の生徒がいます…

Question

覚悟はしていましたが，学級開きをしたら，すでに教室にはボス的存在の生徒がいて，他の生徒がその生徒をとても意識していることがわかりました。新年度になったので，どの生徒も気持ちを新たにしていると期待したのですが，そうではありませんでした。ボス的存在の生徒をどのように扱えばよいのか，新年度早々から悩みが始まりました。どうしたらよいでしょうか？

Answer

ボス的生徒を意識し過ぎない

　学級開き初日から，ボス的存在の生徒を他の生徒が意識していることが把握できたというのは，冷静に学級全体をみることができたわけです。ボス的生徒へのかかわり方について，悩むこともよくわかります。

　しかし，その生徒を意識し過ぎているところはないでしょうか。むしろ，そのことの方が心配です。その生徒が初日から何かしたでしょうか。その生徒の存在が，学級の雰囲気をあまりよくないものにしたのかしれませんが，教師があまり意識し過ぎては，雰囲気はよい方に向かいません。**他の生徒に「担任は，学級開きの日から，あの子にあまりよい印象をもっていないよう**

だ」と感じさせてしまわないよう注意が必要**です。

他の生徒を犠牲にしない

　実は，私自身もボス的生徒を意識し過ぎて大失敗したことがあります。学級開きの１時間目からその生徒は落ち着かず，気になっていたのですが，徐々に関係をつくればよいと思い，特に注意はしませんでした。

　ところが，帰りの会のとき教室に姿がないのです。その前が清掃の時間だったので，そのままどこかに行ってしまったようです。１人欠けたままはじめての帰りの会を終えるか，その生徒が戻ってくるまで待つか，担任としての悩みどころです。私は待つことにしました。数人の生徒に探しに行くように指示しました。しかし，それでもどこに行ったかわからないというのです。探すように指示された生徒も困ったはずです。それまでつながりがなければ，声のかけようもありません。しかし私にも意地があり，「全員がそろってこそ，真の学級だ」などと生徒に伝えたりした手前，帰りの会を終えることもできません。

　しかし，あまりにも時間が経ってしまい，部活動にも影響が出る時間になってしまったので，１人欠けたまま帰りの会を終えました。そのころには，明らかに教室に残っていた生徒からも冷たい視線を浴びることになりました。こうしたことが初日にあり，その１年は生徒との関係もしっくりいかないまま過ぎてしまいました。

　それから何日も，「なぜあのような意地を張ってしまったのだろうか」と悔やみ，眠れない日が続きました。ボス的生徒をあまりにも意識し過ぎたことで招いた，痛恨の思い出です。

　その後，同じようなタイプの生徒を受け持つことになりましたが，このときの学びを生かして，ごく普通に考え，行動することにしました。**「この担任はだれにも同じように接する」**と感じたのでしょう。ボス的生徒もいつしか落ち着いてきました。

4 同じ小学校出身者ばかりで固まってしまいます…

Question

　私の中学校には，3つの小学校の子どもが進学してきます。各小学校の地域がかなり違っているためか，見ているだけで，どこの小学校から来た生徒なのかがわかります。このことには困っていないのですが，係活動や部活動の希望を分析してみると，出身小学校ごとに固まっている傾向が読み取れるのです。休けい時間の過ごし方を見ていても，やはり出身小学校別で集まっているように思えます。何か手を打った方がよいでしょうか？

Answer

心配する必要はない

　まず生徒をよく観察し，分析までされておられることに感心しました。事実をもとにした質問にも敬服しています。

　質問の背景には，いつまでも小学校ごとに固まらず，できるだけ多くの生徒とつながってほしいという担任としての願いがあると思います。こうした願いをもつのはとても大切なことです。

　このままでは，この願いが叶わないのではないかと心配し，何か手を打つべきかと質問されたのだと思います。

しかし，経験からいえば，心配する必要はまったくありません。こういった傾向は，時間とともに自然に解消されていくもので，むしろ，**いつまでも同じ小学校出身者だけで固まっている方が難しくなります**。

ある小学校出身者に顕著な学習状況に注意する

　期せずして，生徒が出身小学校の傾向を教えてくれたことがあります。中学１年の数学の最初の単元「正の数・負の数」の指導を終えて，単元テストを実施したところ，目標を達成できていない生徒が多数いたので，自分の授業反省をしつつ，補充授業を組みました。

　そのとき，

「先生，今日は出身小学校別に集めたの？」

という質問が出たのです。そのような意図はまったくなく，テストの点数をもとに集めただけです。それなのに，上記の質問が出され，実際に出身小学校別に手をあげさせると，ある小学校出身の生徒が９割を占めていました。この事実に驚くとともに，**早い段階での学習状況の確認，小学校との連携強化などの必要性**を強く感じました。

同じ小学校出身者で固まることを逆手にとる

　同じ小学校出身者ばかりで固まってしまうことを逆手にとるという手もあります。例えば，出身小学校別にその学校のよいところを紹介する発表や掲示物をつくらせてみてはどうでしょうか。

　出身小学校に対して誇りをもつのは大切なことです。小学校への愛校心を育てることは，いずれ中学校への愛校心を育てることにつながります。

　発表後，

「それぞれのよさがあるのだから，他校の人たちとも積極的に交わって，よさを学び合うといいね。そうすると，この学級のよさも一気に増えるよ」

などと話しておくとよいでしょう。

5 「去年のクラスの方がよかった」と言われてしまいました…

Question

学級開き早々に生徒に言われた言葉がとてもショックです。それは,「去年のクラスの方がよかった」という一言です。いきなり出鼻をくじかれた気持ちです。言った生徒に,「あなたの一言で,どれほど私が傷ついているかわかっているのか！」と迫りたいくらいです。このような生徒の言葉を,どう受け止めればよいのでしょうか？　はずかしくて,学年主任や隣のクラスの先生には相談しにくいです。

Answer

生徒の一言一言を気にし過ぎない

　私も新学期早々に,生徒から同じようなことを言われ,ひどく落ち込んだことがありました。同じように,「なぜそういうことを言うんだ！」と突き詰めたい気持ちにもなりました。

　教師は,つくづく生徒の一言で傷つけられるものだと思います。「わずかな人生しか生きていない生徒に,なぜこんなにひどいことを言われなくてはいけないのだ…」と思ったことは数えきれません。

　ところが,その生徒との関係ができてから,改めて「なぜ,あのときあんなことを言ったの？」と聞いてみると,「覚えてない。そんなこと言ったっ

け？」といった返答であることがほとんどです。まさに肩透かしです。つまり，**生徒は深く考えて発言しているわけではない**のです。

理由を尋ねてみる

　「去年の学級の方がよかった」と言った生徒から，なぜそのように感じて，口に出したのかを粘り強く聞き取ったことがあります。
　「なぜそのように感じたのか」については，「とにかく去年と違っていたから」という程度の理由です。「違うことは当たり前じゃないか。同じ方がおかしいよ」と返答したところ，「そう言われればそうなのだけど，『去年と違ってやり辛いなあ』とふと思ったから…」という答えでした。「ああ，この程度のことで，自分は傷ついていたのか」とつくづく思ったものです。
　どうしても気になるのなら，**「参考にしたいから，なぜそう感じたのかを教えて」と聞いてみる**ことです。聞いてみると，「なんだ，その程度のことなのか」と思うことがほとんどでしょう。

プラスに考える

　仮に真剣に去年の方がよかったという生徒がいれば，真摯に受け止め，学級づくりの参考にすればよいでしょう。
　「生徒に聞いたら，去年の担任と比べられ，ひどいことを言われるのではないか」「自分の経験不足を指摘されるのではないか」など，心配してしまう人がいますが，わざわざ自分でマイナス方向に考えを進めることはありません。
　声に耳を傾けることで，生徒も**「自分が発した一言を真剣に考えてくれる，理解のある先生だ」**と好意的に受け止めてくれるはずです。

6 初日から出席できない生徒がいます…

Question
　新年度初日から学校に来ない生徒がいます。小学校から不登校状態が続いているのです。昨年度の担任に聞いても，出席は難しいと言われています。1日でもよいので出席してほしいのですが，これまでの担任がいろいろと働きかけ，努力されてきてもこの状態なので，致し方ないのでしょうか？

Answer

自分が担任となったことを伝える

　こうした話をよく耳にするようになりました。教師として，とても心痛むことです。そして，「自分が担任のときに，なんとか学校へ通えるようになるといいな」と願うものです。
　しかし，焦りは禁物です。まず，その生徒には，自分が新たに担任になったことをなんらかの方法で伝えましょう。例えば，家庭訪問があります。保護者に会って，生徒に顔を合わせて話したいと伝えることです。それが無理なら，保護者を通して生徒へメッセージを届けてもらうよう依頼しましょう。不登校といっても，新年度を迎えたことすら気づいていない生徒はそう多くありません。反応できないとしても，担任からの働きかけを待っている生徒

もいるものです。どのような方法でもよいので，まずは担任になったことを伝えましょう。

ただし，善意の押しつけとなっては逆効果なので，**前年度までの状況（どのような働きかけがプラス or マイナスに作用したか）をつかんでおくこと**を忘れてはいけません。

学級の生徒に担任の行動や考えを伝える

初日から登校できないといっても，大切な学級の一員であることにかわりはありません。他の生徒は，担任がその生徒のことを大切に考えているか，そうではないかを敏感に察知するものです。

ですから，1日も早く登校できることを願っていること，（詳しく話すことはできなくても）担任として動いていることなどを，学級の生徒に伝えましょう。

また，机といすはいつも準備しておくこと，係活動など学級の一員として役割分担もしておくことなど，**学級経営を通して担任の考え方をしっかり伝えていくことも大切**です。

1人で対応しようとしない

不登校生徒に対して，担任が熱心に働きかけ過ぎてしまい，かえってマイナスの状況を招いてしまったといった話を耳にすることがあります。

言うまでもありませんが，不登校には様々な要因や状況があります。ですから，元担任や養護教諭はもとより，専門の知見をもったスクールカウンセラーなどと相談をして，かかわり方の見通しをもちましょう。

また，方向性を決めたら，学年主任や管理職に報告しておくことを忘れてはいけません。**状況によっては，バックアップ体制が必要な場合がある**からです。1人で抱える必要はありません。

7 外国人生徒とコミュニケーションがとれません…

Question

　我が市には，外国人の方々が働く工場や事業所が多く，その家庭のお子さんが本校にも多数通っています。我が学級にも，そのような生徒がいます。ある程度の日本語はわかると聞いていたのですが，新年度初日の様子を見ていると，まったくわからないといってもよい状況です。語学相談員は週1回出勤されるだけなので，その方に頼ってばかりもいられません。どうすればよいでしょうか？

Answer

生徒の力を信じる

　私の学級にも同様の生徒が在籍していました。経験から助言をすると，「案ずるより産むが易し」ということわざの通りでした。当初はまったく日本語がわかっておらず，このままでは学校に来なくなってしまうのではないかと心配しましたが，**生徒間の交流が頻繁にされて，いつのまにか外国人生徒の表情は和らぎ，なんとなく理解ができるようになっていった**のです。

　その生徒に興味や関心をいだいた生徒は，積極的に話しかけます。必死に伝えようとする姿勢は，たとえ内容が理解できなくても，心の安定を生み出すものだと生徒から教えられました。

長い目でみる

　また，基本的なスタンスとして，長い目でみる，ということが大切です。日本語が理解できない状態からのスタートなのですから，**わずかな期間で日本の学校生活になじむのは，奇跡が起こるのと同じぐらいのことだと考えておいた方がよい**でしょう。

　こうした心持ちでいると，生徒のちょっとした変化に気づき，喜ぶことができるようになります。「おはようございます」が聞き取りやすくなってきた，給食時に箸をうまく使って食事ができるようになってきた，など，生徒の変化に目を見張ることがあるでしょう。担任が喜んでいることは，その生徒にも伝わります。すると，ますますよい意味での変化が大きくなります。

生徒を不安にさせる無理な接触の仕方は避ける

　タガログ語しか理解していない女子生徒が，新年度早々に転校してきました。ものすごく不安げです。市教委が用意してくれたタガログ語の一般語表示を使って，なんとかコミュニケーションを図ろうと思うのですが，うまくいきません。彼女の不安な気持ちがますます大きくなっていくようで，これ以上の接触は避けた方がよいと思いました。

　そこで，タガログ語でやりとりができる語学相談員さんと連絡をとり，その方に担任のことをはじめ，日本の学校での基本的な過ごし方について説明してもらうことにしました。

　そのためには，彼女を車で乗せて，相談員さんがおられるところへ連れて行かなくてはいけません。しかし，車に乗せることから大変でした。彼女にしてみれば，「どこに連れていかれるのだろう」と，不安で仕方なかったと思います。**語学相談員さんにまずお願いしたことは，「この人は担任で，怪しい人ではなく，安心できる人だ」と伝えてもらうこと**でした。

8 強い食物アレルギーの生徒がいます…

Question

今年度の学級には, これまで担任したことがない強い食物アレルギーの生徒がいます。食物アレルギーについての理解が浅く, まわりの先生方から「気をつかう1年になるね」と言われ, 不安だけが増しています。何かあったら担任の責任になるのでしょうか？

Answer

まずは勉強する

　率直に言って, 教師としての意識が低い質問です。生徒の命にかかわることですから,「食物アレルギーについての理解が浅く」で, 済まされることではありません。

　インターネット上では, 食物アレルギーに関する情報をたくさん得ることができます。情報が多過ぎて困るくらいです。同様に, 多くの書物も刊行されています。また, **学校として, さらには教育委員会としての対応も明らかになっているはず**です。

　まずは, それらの情報を手に入れ, しっかり勉強してください。

保護者に確認をとる

　ところで，保護者からの申し入れはなかったでしょうか。新たに連絡がなくても，保護者は「小学校の先生，あるいは昨年の担任にはしっかり伝えておいたので，新たな担任にも伝わっているはず」と考えているかもしれません。実際に，新担任が保護者に問い合わせたところ，「毎年同じことを伝えなくてはいけないのか！」としかられたという話を聞いたことがあります。

　まずは保護者から伝えられている情報を確認したうえで，一度保護者に連絡をすべきです。その際は，次のように話すとよいでしょう。

　「新たに担任になった〇〇です。お子さんの食物アレルギーや配慮事項については，…のように引き継いでいます。このような認識で間違いないでしょうか」

　このように連絡すれば，保護者は校内でしっかり引き継ぎがされていることに安心することでしょう。

保護者に聴取するべき事項を確認する

　文部科学省から，平成27年3月に**「学校給食における食物アレルギー対応指針」**※が出ています。その中で，学校が保護者に聴取するべき事項が明確に示されています。その内容は以下の通りです。

・過去の食物アレルギー発症（アナフィラキシーを含む）情報
・家庭での対応状況
・当該児童生徒に対して学校生活において配慮すべき必要事項
・薬（エピペン®等）の持参希望の有無
・緊急時の対応連絡先・方法
・学級内の児童生徒並びに保護者へ当該児童生徒の食物アレルギー情報を提供することについての了解を得ること　　　等

※ http://www.mext.go.jp/component/a_menu/education/detail/__icsFiles/afieldfile/2015/03/26/1355518_1.pdf

9 もう浮いてしまっている生徒がいます…

Question

　学級開き当日から，1人ポツンとしている生徒がいて気になっています。もともとそのような傾向がある生徒ですが，教室全体を眺めていると，その生徒が気になって仕方がありません。社会性が乏しいのは，今後様々な面でマイナスだと思います。新たな学年になったことで，心機一転，他の生徒とのかかわりをもってくれないかと願っていましたが，思うようにならないものです。担任としてはどのように動いたらよいでしょうか？

Answer

十人十色であることを認める

　私も若いころは，少しでも集団から離れている生徒がいると，「なぜあの生徒は他の生徒と交わらないのだろうか」「なんとかして交流できるようにしよう。これは担任の役目だ」などと考えたものです。
　しかし，あるときからそれは不遜な考えだと思うようになりました。その生徒のことを十分に知らず，一面だけをとらえて，なんとか変えてやろうなどという考え方は，教師の思い上がりだと思うようになったのです。
　考えてみれば，**学級にはいろいろな性格の生徒がいて当然です**。ですから，

そのことを生徒の個性や特徴の１つだと理解し，認めることから始めてください。

交わらなければいけないときは交わらせる

「ペアで話し合いなさい」「４人グループで意見交流をしなさい」「係ごとに集まって計画を練りなさい」などと，指示することがあるでしょう。

その際にも生徒が１人ポツンとしているのは問題です。そうした場面では，社会性を育てなくてはいけません。これは，担任の大切な役割です。

しかし，その生徒に「グループ内に入りなさい」と指示するのは得策ではありません。かえって逆に孤立させてしまうことになりがちです。経験上，**まわりの生徒に「あの子に声をかけて引き込んでください」と依頼した方がうまくいくことが多い**のです。ただし，依頼した生徒に無理をさせるのも禁物です。何度か声をかけることによって，徐々に輪の中に入ってくるものです。長年かけて培われた性格をすぐに変容させることはできない，と肝に銘じておきましょう。

一言でも会話を続ける

コミュニケーションが苦手な生徒であっても，担任からの毎日の一言は，とても大切です。一言であっても，それが日常的，持続的なものになれば，社会性がはぐくまれていくものです。

また，タイミングを見計らって，**会話の中で意図的に他の生徒につないでいく**ことを試してみるとよいでしょう。

例えば，

「そうなんだ。○○君は部活を決めることで迷っているんだ。（近くにいる他の生徒に）□□君は部活を決めたの？　○○君は迷っているんだって。どうしてその部活にしたのか，聞かせてもらえる？」

などと，会話の中で自然に他の生徒を巻き込むのです。

10 学級編成に保護者からクレームが入りました…

Question

　新年度初日から，とても暗い気持ちになりました。夕方，ある保護者から「学級編成に偏りがある。やり直すべきだ！」という電話があったのです。我が学級は，他の学級と比較して，特定の生徒を集めすぎているといった指摘です。このように言われても，新年度はすでにスタートしていますし，今さら変更することはできません。新年度早々にこのようなことを言われて，一気に学級づくりへの意欲を失いました。このような気持ちになったことを管理職に正直に伝えて，担任を外してもらった方がよいでしょうか？

Answer

いち早く管理職に報告・相談する

　新年度早々大変ですね。「担任を外してもらった方がよい」などと思ってしまう心境も，よくわかります。電話をしてきた保護者に，「いいかげんにしてください。このことでどんな気持ちになっているかご存知ですか」などと訴えたくなりそうですね。
　もちろん，学級編成をやり直す必要はまったくありません。また，**電話をしてきた保護者に，あなたが１人で対応することもありません**。学級編成は，

校長の責任です。まずは，管理職にこのような電話があったことをできるだけ早くに伝えましょう。

焦らずじっくり対話する

そもそも，保護者は学級編成表を見たわけではなく，生徒が帰宅して話した情報だけで電話をしてきているのかもしれません。これはあくまで推測ですが，まずは，その家庭の生徒に**「クラス分けについて，何か思うことがあったの？」など，受容的な姿勢で聞いてみることが大切**です。

その中で，担任として伝えておかなければならないことなどがわかってくるでしょう。このようなケースでは，生徒自身が偏った見方をしていることが多々あります。ですから，焦らずじっくり対話することで問題が解決する場合がほとんどです。生徒自身も保護者も，学級編成をやり直すということがあり得ないことは，ある程度認識しています。

もし匿名でのクレームであれば，管理職への報告のみきちんと行い，それ以上考える必要はありません。

勝負は1年後であると心得る

この例に限らず，新年度早々は，予期せぬクレームやトラブルに心を傷めることがいろいろあるものです。**生徒にとっても，保護者にとっても，環境が大きく変化するわけですから，クレームやトラブルはあって当然**とも言えます。ですから，1人で抱え込んだり，必要以上に落ち込んだりせず，「勝負は1年後」と思える心のゆとりをもっておきましょう。

また，はじめに大きく盛り上がり，だんだん下がっていくよりは，徐々に尻上がりになっていく方が，気持ちがよいものです。経験談ですが，新年度当初，「担任を下りた方がいいかも…」という気持ちになった学級が，1年後「できることなら来年も受け持ちたい」という学級に変化したことすらあります。日々誠実に向き合っていれば，生徒は必ず担任を応援してくれるようになります。

【執筆者一覧】

玉置　　崇（岐阜聖徳学園大学教育学部教授）
山田　貞二（愛知県教育委員会義務教育課主席指導主事）

久保　慎也（愛知県小牧市立小牧中学校教諭）
熊澤　智子（愛知県小牧市立小牧中学校教諭）
遠山　由香（愛知県小牧市立小牧中学校教諭）
成瀬　武史（愛知県小牧市立岩崎中学校教諭）
平田みつこ（愛知県小牧市立小牧中学校教諭）
松井美也子（愛知県小牧市立小牧中学校教諭）
三品　慶祐（愛知県小牧市立小牧中学校教諭）

【編著者紹介】

玉置　崇（たまおき　たかし）

1956年生まれ。公立小中学校教諭，国立大学附属中学校教官，中学校教頭，校長，県教育委員会主査，教育事務所長などを経て，2012年度から3年間，愛知県小牧市立小牧中学校長。2015年度より岐阜聖徳学園大学教授。

文部科学省「学校教育の情報化に関する懇談会」委員，中央教育審議会専門委員，「小中一貫教育に関する調査研究協力者会議」委員を歴任。

著書に『スペシャリスト直伝！　中学校数学科授業成功の極意』（明治図書，単著），『中学1～3年の学級づくり　365日の仕事術＆アイデア事典』（明治図書，編著），『主任から校長まで　学校を元気にするチームリーダーの仕事術』（明治図書，単著），『実務が必ずうまくいく　中学校長の仕事術　55の心得』（明治図書，単著），『スクールリーダーのための「超」時間術』（明治図書，単著）『「愛される学校」の作り方』（プラネクサス，共著），『思いを届ける学校ホームページ』（プラネクサス，共著）など，多数。

スタートダッシュ大成功！
中学校　学級開き大事典

2017年3月初版第1刷刊　Ⓒ編著者	玉　置　　　崇
2018年1月初版第2刷刊　　発行者	藤　原　光　政

発行所　明治図書出版株式会社
　　　　http://www.meijitosho.co.jp
　　　　（企画）矢口郁雄（校正）大内奈々子
　　　　〒114-0023　東京都北区滝野川7-46-1
　　　　振替00160-5-151318　電話03(5907)6701
　　　　ご注文窓口　電話03(5907)6668

＊検印省略　　　　組版所　株式会社明昌堂

本書の無断コピーは，著作権・出版権にふれます。ご注意ください。

Printed in Japan　　　　ISBN978-4-18-195811-4
もれなくクーポンがもらえる！読者アンケートはこちらから→

これが玉置流 数学授業づくりの大原則 30 だ！

1. 玉置流・授業の定義
2. ものわかりが悪い教師になれ
3. 挙手指名方式をやめよ
4. 表情発言を積極的にさせよ
5. 発問後の教師の視線を意識せよ
6. 生徒の発言を数学の舞台にのせよ
7. ノートに再現させよ
8. 生徒が出力する場面を増やせ
9. エレベータートークをさせよ
10. 間違いを教えるな
11. 問題が解ければ教えられると思うな
12. 教科書の数値にこだわれ
13. 教科書の流れにこだわれ
14. 教科書の行間をうめよ
15. 「先生は次に何と言うと思う？」で鍛えよ
16. 「できる」レベルを示せ
17. 神様は耳元でささやかない
18. 生徒は授業を受けるプロであることを忘れるな
19. 「なるほど！（体の向きを変えて）どう？」方式
20. ○×方式で追い込め
21. 一般化は事例を重ねよ，急ぐな
22. 特殊化で打開を図れ
23. テスト問題は単元前に作成せよ
24. 生徒の個性を意図的指名に生かせ
25. 細部にこだわれ
26. 「これでは国語だ！ 数学にせよ！」
27. 授業を復習から入ることはない
28. 指導には一貫性をもたせよ
29. 教材ノートをつくれ
30. 教師が楽しくなければ生徒は楽しくない

スペシャリスト直伝！
中学校数学科授業 成功の極意

玉置 崇 著

A５判／152頁／本体1900円＋税
図書番号：1340

「一般化は事例を重ねよ，急ぐな」「特殊化で打開を図れ」など，筆者が長年の経験から導き出した中学校数学授業を成功に導く極意を余すところなく披露。また，授業レベルに落とし込んだ指導要領の読み方，必ず授業が盛り上がるテッパンネタなど，盛りだくさんの１冊！

明治図書　携帯・スマートフォンからは **明治図書 ONLINE へ**　書籍の検索，注文ができます。▶▶▶
http://www.meijitosho.co.jp　＊併記4桁の図書番号（英数字）でHP，携帯での検索・注文が簡単に行えます。
〒114-0023　東京都北区滝野川7-46-1　ご注文窓口　TEL 03-5907-6668　FAX 050-3156-2790

＊価格は全て本体価格表示です。

中学校 学級づくり 365日の 仕事術&アイデア事典

玉置 崇 編著

アイデア満載！

教室トークから行事盛り上げ術まで

学年別3巻
160ページ　A5判
1,960円+税

図書番号
1年：1751　2年：1752　3年：1753

■見開き構成＆写真多数でパッと見てわかる！
■節目ごとの担任のトーク例や各学期の通知表文例も収録！

- ●なぜあの先生の**トーク**には生徒が耳を傾けるのか？
- ●なぜあの教室の**掲示物**には動きがあるのか？
- ●なぜあの学級は**合唱祭**に向かって日に日にまとまっていくのか？

うまくいくには**理由(わけ)**がある

明治図書
携帯・スマートフォンからは　**明治図書 ONLINE へ**　書籍の検索、注文ができます。▶▶▶
http://www.meijitosho.co.jp　＊併記4桁の図書番号（英数字）でHP、携帯での検索・注文が簡単に行えます。
〒114-0023　東京都北区滝野川7-46-1　ご注文窓口　TEL 03-5907-6668　FAX 050-3156-2790

＊価格は全て本体価格表示です。

中学校学級担任必携
生徒指導要録作成の手引き&
総合所見の文例1080

玉置 崇 編著

152ページ 本体1,800円＋税
図書番号 0046

この1冊があれば、指導要録作成は完ぺき！
中学校生徒指導要録の各項目の記入の仕方を完全ガイド。また、各教科の学習状況や行動の記録にかかわる所見はもちろん、特別な支援を要する生徒や不登校傾向の生徒に配慮した所見まで、総計1080にのぼる文例を収録しました！

玉置 崇 編著

中学校学級担任必携
通知表所見の文例集

1, 2, 3学年別3分冊
各144ページ 本体各1,800円＋税

図書番号
1年／0355 2年／0356 3年／0357

各教科の学習から学校行事，部活動まで，学校生活のあらゆる場面を幅広くカバー。一つひとつの文例が短文なので，自由自在にカスタマイズできます。また，改善を促したいことなどを前向きに伝えられる「努力を促し，励ます文例」も収録しました。

総数1164の文例の中から、クラスのどの生徒にもピッタリの一言が必ず見つかる！

明治図書　携帯・スマートフォンからは **明治図書ONLINEへ**　書籍の検索、注文ができます。▶▶▶

http://www.meijitosho.co.jp　＊併記4桁の図書番号（英数字）でHP、携帯での検索・注文が簡単に行えます。

〒114-0023　東京都北区滝野川7-46-1　ご注文窓口　TEL 03-5907-6668　FAX 050-3156-2790

＊価格は全て本体価格表示です。